サンデル教授の対話術

マイケル・サンデル
小林正弥

NHK出版

【サンデル教授の対話術　目次】

翻訳　杉田晶子　小林亮介
監訳　小林正弥
協力　ＮＨＫエンタープライズ（寺園慎一　飯塚純子　松本俊一）
　　　田中紗織

装丁　おおうちおさむ（ナノナノグラフィクス）
本文DTP　NOAH
編集協力　長谷川誠司　福田光一

はじめに——講義における対話的学芸術《アート》への招待

小林正弥

　サンデル教授の対話型講義「正義（Justice）」は、日本では「ハーバード白熱教室」（以下、「白熱教室」）という番組タイトルで、二〇一〇年四月四日から六月二〇日まで一二回にわたりＮＨＫ教育テレビで放映されました。放映直後から、「白熱教室」はツイッターやブログなどで大きな反響を呼び、新聞や雑誌などでも次々と取り上げられました。また講義を元にした本[1]も六〇万部を超えるベストセラーになりました。

　サンデル教授は二〇一〇年八月末に来日し、日本版「白熱教室」を行って大成功を収めて、その内容は既に出版されていますし、[2]来日直前に行われた韓国の講義でも四五〇〇人が駆けつけたと言われています。日本のみならず、韓国をはじめとする諸外国でも、まさにサンデル旋風とも言うべき現象が巻き起こっています。もちろん、サンデル教授の人気は、その講義が初めに放映されたアメリカ国内でも熱烈です。私は、二〇一〇年の一一月にハーバード大学を訪れて、「正義」の講義を聴講しましたが、その際にハーバード大学内部でその反響を目の当たりにしました（七八ページ参照）。

　私は、日本で「白熱教室」の放映が決まったとき、サンデル教授とＮＨＫから協力を依頼され、番組の翻訳の監修と解説を務めさせていただくことになりましたが、放映開始直後から反響の大きさにとても驚きました。しばらくして雑誌をはじめとするメディアから、この反響の理由を尋ねられて、多くの方々から寄せられた声を思い出しながら、様々な形で答えました。ここでは次のような七つの点を、この大反響の理由として挙げたいと思います。

一つめが、ハーバード大学が持っているネームバリューです。ハーバードはアメリカの誇る世界最高峰の大学ですが、そのハーバード大学が初めて授業を一般に公開したのです。これまで門外不出だったのですから、「世界最高峰の大学の超人気講義とは、いったいどんなものなのか」といった素朴な興味が湧いたのでしょう。しかも、それを自宅で日本語で見ることができるのです。もし、日本の大学の人気授業が放映されたとしても、ここまでのブームは起こらなかったのではないでしょうか。

二つめが、大規模な教室での対話型講義というスタイルの斬新さです。日本人の多くは、教師が一方的に話し続ける講義スタイルに慣れているので、対話をしながら学生たちの意見を活用して議論を展開させていくという進め方に新鮮な驚きを感じたのでしょう。

三つめが、サンデル教授の講義法です。サンデル教授は、学生たちの話をうまく引き出しながら講義を進めていくための、芸術的ともいえる手法を持っています。対話型講義は事前に準備したとおりに進んではくれないので、学生の反応を聞きながら瞬時に的確な判断をして議論を展開していく能力が要求されます。ですから、教師側から見れば、対話型講義はある意味では厳しい場でもあります。知識・学識も当然必要なのですが、それに加えて講義法が極めて重要になってくるのです。サンデル教授が見せるテクニックは、まさしくアート（技術・芸術）と呼ぶにふさわしいものであり、それに魅せられた人も多かったでしょう。

四つめが、サンデル教授が提示する道徳的ジレンマでしょう。サンデル教授の講義は非常に劇的な構成がとられていますが、そのうえで大きな効果を発揮しているのが、毎回提示される道徳的ジレンマです。サンデル教授は講義の中で実例や仮設的な例を出して、学生たちに道徳的ジレンマについて考えさせます。すっかり有名になった「暴走する路面電車を止めるために一人を犠牲にして五人を救うのは正しいのか」といった、誰もが考え込まざるをえないような例が提示されるので、学生たちは自分自身の思考を発展させることになります。これらのジレンマが非常に興味深く印象的なので、ハーバードの学生たちと同じように、私たちも引きつけられるのでしょう。来日時の東京大学の講義では、「サバイバルのための殺人が許されるかどうか」に関する救命ボートのジレンマから講義が始められたのですが、命に関わるジレンマについて考え込むことによって日本人の参加者もたちまち講義に引き込まれていきました。この道徳的ジレンマについて考えることは、他ではめったに味わうことのできない知的興奮と言えるでしょう。

五つめは、日本人にとっての政治哲学という学問の新しさにあると思います。番組が話題を呼んだだけでなく、本がベストセラーになったことからわかるように、サンデル教授の講義内容自体を新鮮に感じた日本人が多かったのでしょう。そのひとつの理由として、日本における政治哲学という分野の扱われ方が関係しています。日本の大学では、政治哲学は専門的にはほとんど研究されたり、教えられていないのです。日本でも、過去の思想を扱う政治思想史や政治学史の講義は多くの大学において行われています。しかし、現在の問題について「政治はどのようにあるべきか」といったことを考える政治哲学の講義は日本にはほとんどありません。サンデル教授は講義の中で、人間の生き方や政治の根幹に関わるような具体的な問題について取り扱いますが、これまで政治哲学が未知の学問だったからこそ、現実的かつ具体的な問題について「いま、どうあるべきか」という議論が大学の授業で実際に行われていることに多くの人々が大きなインパクトを受けたのでしょう。

六つめとして、サンデル教授の提示する問題が、混迷した政治・経済・社会状況に対する重要な示唆となっている点が挙げられるでしょう。リーマンショック以降の日本および世界の政治的・経済的混迷の中で、正義に関するサンデル教授の主張が非常に大きな意味を持ってきているということを多くの人々が直感的に感じているのだと思います。今の日本では税制のあり方についての問題などが論じられていますが、これはサンデル教授の議論とも直結します。また、一〇〇歳以上の高齢者の行方不明事件や幼児虐待事件などに示される無縁社会や孤族の問題も、サンデル教授の政治哲学の主題と密接に関係するのです。こういった問題は、日本よりも早くアメリカで現れており、サンデル教授はそれらに対する解決策を思想的にいち早く提示しているのです(3)。

七つめが、サンデル教授の議論は、従来のステレオタイプ的な左右の対立を越えているという点です。例えば東大特別講義では、日本の戦争責任とアメリカの原爆投下責任についての戦後世代の謝罪問題を並行的な問題として取り上げました。いわゆる左派的論説では、前者が積極的に取り上げられる傾向がありますが、後者の論点は［右派に、より多く見られる］ナショナリズム的論説で積極的に取り上げられるでしょう。また、サンデル教授は市場主義の問題点を指摘すると同時に、愛国心についても必ずしも全面的に否定はしません。前者はいわゆる左派と共通しますが、後者は必ずしもそうは言えないでしょう。このように、既存の左右対立を越えているからこそ、多くの人に非常に新鮮に感じられ、思想界に新しい風が送り込まれているのでしょう。

サンデル教授の政治哲学の内容（上記の第五―七点）については、本書のインタビューでも触れられているように（一三八―一四一ページ参照）、必ずしも賛成しない人もいます。でも、その講義法（上記の第二―四点）の素晴らしさについては、思想的立場を超えて、ほとんどの人が感銘を受けているように思えます。そして、多くの方々から、「あのような対話型講義を受けてみたい」という要望を伺っています。大学教員や中学高校の先生方からは、「あのような講義方法を自分の授業でも導入したい」とか「サンデル教授の素晴らしい講義法を学びたい」という声が数多く寄せられています。

私自身、二〇〇九年にサンデル教授を日本に招聘して千葉大学で国際シンポジウム[4]を開催した際、この講義を軸にした国際的な教育連携のプログラムの可能性について教授と話しあって、日本語でもサンデル教授の講義を視聴することができるようにしたいと思っていました。NHK教育テレビの「白熱教室」によって、それが全国規模で大々的に可能になった今、次の段階として、サンデル教授の素晴らしい例にならって、このような対話型講義が日本でも多くの教師によって行われるようにしたいと考えています。サンデル教授が「最高の教育とは、自分自身でいかに考えるかを学ぶことである」（三八ページ）と言われているように、対話型教育によってこそ、学生が自ら考えて発言することが可能になるからです。このような教育によって、人々は哲学や学問の本来の姿に触れ、さらに社会に出てからも有意義な能力を身につけることができるでしょう。私は、対話型教育の導入こそが、今後の教育改革の方法的な要になると思っています。

具体的にも、上述のようにサンデル教授の「ハーバード白熱教室」の放映が始まって大反響を呼び始めた頃から、私はただならぬことが起こっていると思い、サンデル教授の講義方法を見習って、同じような対話型講義を千葉大学の私の講義「公共哲学」で導入し始めました。その様子も、雑誌や新聞、テレビなどで報じられ、NHK教育テレビの「白熱教室JAPAN」で、二〇一一年一月九日から三〇日まで四回にわたって放映されました。また、社会人や市民を相手に対話型講義も数回行いましたし、NHKの企画に協力して「白熱教室in大阪大学」（二〇一一年一月一三日）という対話型講義も行いました。

「白熱教室」の反響が始まった頃には、「サンデル教授の講義は素晴らしいが、あの講義は、アメリカ、しかもハーバードの学生相手だから可能なので、日本では不可能ではないか」という声がしばしば聞かれました。日本人は、西洋人に比べて議論が苦手だから、学生も講義では発言しないだろう、というのです。サンデル教授の東大講義は、参加者から非常に活発な議論を引き出しましたから、このような懐疑論を打破して、大規模な対話型講義が日本でも可能であるということを実証しました。それでも、「あのような講義はサンデル教授だから可能だったのであって、日本の大学の通常の講義では不可能ではないか」「東大講義の参加者には特別に意欲や能力がある人が多かったから、対話型講義が成功したのであって、普通の大学の学生では難しいのではないか」という懐疑論もありうるでしょう。

でも、少なくとも千葉大学では、活発な対話型講義を実現することができたと思っています。確かに、当初は学生たちは戸惑っており、発言者は限られていたのですが、講義が進むにつれ、発言者が増え、発言も活発になって、前期の終わり頃（夏休み前）になると「白熱」してきました。実際、受講した学生の学期末の感想を見ると、「かつてないほど、非常に楽しかった」「一番楽しい講義だった」「学習の意欲が湧いてきた」といったような声で満ちています。

そこで、このような経験によって、私は、「教師の講義方法が練れていれば、日本でも対話型講義が可能である」という確信を持ちました。そして、この実践の中から、日本で対話型講義を成功させるための方法、秘訣のようなものも、私なりに見えてきたような気がしています。

そして、「サンデル教授のような講義方法を学びたい」という声に応えて、講義方法をさらに発展させるためにも私は二〇一〇年一一月（二一日―二八日）にハーバード大学に赴き、〝サンデル教授の講義が実際にどのような仕組み、手法で行われているか〞ということを見聞してきました。そして、サンデル教授の「正義」の講義を直接二日間にわたって聴講したり、それに関連する会議（一九八―一九九ページ参照）に参加するとともに、対話型講義の進め方に関する話をサンデル教授から二回にわたって直接伺いました。

また、これより先に、同年八月にサンデル教授が来日した際、NHKも講義術や日本での講義の感想について長時間のインタビューを行っていました。この日本でのインタビューについては、「白熱教室の衝撃」（二〇一〇年一〇月一七日）および「マイケル・サンデル　白熱教室を語る」（二〇一〇年一二月二日）という二つの番組の中で取り上げられています。私も、「白熱教室の衝撃」では、NHKの要請に応えて、サンデル教授の「白熱教室」における講義の技術《アート》について、講義の具体的な場面に即して分析的に説明しました。

そこで、これらのサンデル教授へのインタビューや私の見聞、そして私自身の経験などをもとに、本書『サンデル教授の対話術』を編みました。サンデル教授が「ソクラテス方法」（五一ページ）「ソクラテス的対話」（五三ページ）という言葉も使っておられるように、私は、「教授の講義法は、ソクラテス以来の哲学的な問答法や対話法の伝統に連なるものであり、それを今日の世界に甦らせるものだ」と思っています。教授自身は、ソクラテス自身の問答法との違いについても語っておられます（三五―三六ページ）が、それにしても、教授の対話型講義を通じて、受講者は哲学の問答や対話という原点に触れ、それに触発されて、自ら哲学的に思考することができるようになると思うのです。

ギリシャ哲学では、しばしば、「○○術（ケー：kee）」という表現を用いました。たとえば、ソクラテスの最大の弟子であるプラトンは、「弁論術」の教師たち（ソフィスト）を批判して、本来の政治を行う「政治術（ポリティケー）」について論じました。[5] プラトンはこの作品で、「技術（テクネーtechne）」は真実の知識に基づいてその対象を本当に改善するものであり、知識に基づかずに人々に対する「迎合」に奔走する単なる「経験（コラケイアー）」と区別しました。「弁論術」は実は熟練ないし「経験」であるのに対し、「政治術」は「魂への配慮」を担う「技術」である、としたのです。

この「技術《テクネー》」は、英語ではtechnique（テクニック）の語源となった古代ギリシア語ですが、プラトンやアリストテレスなどのギリシア哲学については、むしろart（英語・仏語）、Kunst（独語）等の語が用いられてきました。歴史的には学術用語としてのテクネーは、伝統的にラテン語の*ars*（artの語源）によって置き換えられ、理解されてきたからです。その実質的な理由は、artやKunstの方がtechnique等より意味が広く、テクネーは様々な具体的な技や術から時には高度な学術までも意味し

たので、テクネーの訳語としては、artの方がより適切と考えられてきたからである、ということです。(6)

ですから、「テクネー」は、英語で言えば、「テクニック」であると同時に、単なる「テクニック」ではなく、「アート(art)」という側面も含むのです。それは、「技術」にして「学術」ないし「芸術」であり、「学芸(技)術」とも言うことができるでしょう。そのような意味を込めて、サンデル教授の対話型講義の技術を解き明かす本書を『サンデル教授の対話術』と題したのです。サンデル教授ご自身もインタビューで、対話型講義における学生たちの答え方について「アート」という表現を用いられています(一〇六ページ)。

そこで本書では、まず「対話」をキーワードに、サンデル教授自身の少年時代や好きな野球から始まって、講義の進め方やその教育的効果、実践的な講義のアート、さらにはハーバード大学の学生の反応や日本人・日本社会の印象、アメリカの現在の問題まで、教授ご自身に、丁寧に語ってもらっています。「白熱教室」の視聴者やサンデル教授の著書の読者はもとより、学校の先生方や学生、さらにはビジネスパーソンにとっても示唆に富む内容になっていると思います。

続いて、サンデル教授の対話型講義についての私なりの分析を行い、サンデル教授の様々な講義術や、日本で対話型講義を行うための秘訣などについて、説明しました。また、「白熱教室」を見ていない方やサンデル教授の著書を未読の方のために、最後に「付論」として、講義で取り上げられた哲学的立場の概略とサンデル教授自身の思想についても簡単にまとめました。教授の対話術やインタビューの内容を、より深く理解するために役立つようにしたつもりです。

なお、対話型講義には、サンデル教授の講義方法だけではなく、他にも様々なものが存在します。そして、日本でも、僅かながら、かねてからそのような試みは行われていました。「白熱教室」の大反響を契機に、雑誌『SAPIO（サピオ）』は独自に「日本の白熱教室」について毎号取材を行い、その内容が、本書刊行の直前に『マイケル・サンデルが誘《いざな》う「日本の白熱教室」へようこそ』（SAPIO編集部編、協力・小林正弥、小学館、二〇一一年）という書籍として刊行されました。同書にも、サンデル教授自身のインタビューが掲載されており、私の「序に代えて」や「白熱教室」や東京大学の特別講義の解説や、上述した千葉大学の私の講義のレポートが収録されています。サンデル教授の要請で同書の構成の確認などについても協力したので、私にとっては、同書も本書の姉妹編のような意味を持っています。

同書の「序に代えて」でもお伝えしたように、サンデル教授は、「日本でも私のようなスタイルが広がっていることに深く感動している」と述べ、「自分の講義が紹介されることによって、日本の対話型講義が進展することを願っている」という趣旨の希望を語られています（同書、一六ページ）。「白熱教室」に触発されて生まれたこの本では様々な日本の対話型講義の実例が紹介されていますが、その「導きの星」となっているサンデル教授の講義術自体を、ご自身の言葉による説明を含めて、より深く解き明かしたのが本書です。これらが起爆剤になって、日本で対話型講義、そして哲学的対話が発展していくことに寄与できれば幸いです。きっと、サンデル教授もそれを喜ばれることでしょう。

（1）『これからの「正義」の話をしよう――いまを生き延びるための哲学』早川書房、二〇一〇年（Michael Sandel, *Justice: What's the Right Thing to Do?*, Farrar, Straus and Giroux, New York, 2009）

（2）マイケル・サンデル著／NHK「ハーバード白熱教室」制作チーム・小林正弥・杉田晶子訳『ハーバード白熱教室講義録＋東大特別授業　上・下』二〇一〇年、早川書房。マイケル・サンデル著／小林正弥監修・鬼澤忍訳『日本で「正義」の話をしよう〔DVDブック〕』早川書房、二〇一〇年。

（3）これらについて、詳しくは小林正弥著『サンデルの政治哲学』（平凡社新書、二〇一〇年）、序を参照。

（4）「マイケル・サンデル邦訳出版記念シンポジウム　グローバルな時代における公共哲学――マイケル・サンデル教授を迎えて」二〇〇九年三月二〇日。

（5）プラトン『ゴルギアス』加来彰俊訳、岩波文庫、一九六七年

（6）嘉吉純夫「アリストテレスの技術観　τέχνηの概念をめぐって」（『日本大学文理学部人文科学研究所研究紀要』一九八七年、第三四号、一三―二六ページ）、一三ページより。なお、アリストテレスの「技術」の概念は、プラトンとは違い、制作を行う手段的能力とされているので、英語のテクニックに近いと思われる。

［凡例］

本書第一部は、以下のインタビューからなる。

† 二〇一〇年 八月二五日（東京） 聞き手：飯塚純子（NHKエンタープライズ）
†† 二〇一〇年 八月二七日（東京） 聞き手：飯塚純子（NHKエンタープライズ）
‡ 二〇一〇年一一月二四日（米国ケンブリッジ） 聞き手：小林正弥
‡‡ 二〇一〇年一一月二六日（米国ケンブリッジ） 聞き手：小林正弥

インタビュー内容の編集について、特に質問の順序や言葉使い等については、サンデル教授の返答内容をなるべく実際の発言に即するものにするため、また読みやすさを考慮して修正した。各質問文の下部の記号（†／††／‡／‡‡）は、その質問がされたインタビューの日時を示す。

また、内容理解のために必要と思われる場合は、原語や説明、省略等については（ ）、日本語の学術用語・別の訳語・訳注・補足等については［ ］で示した。また、引用文献については原文に基づいて翻訳を適宜修正している。

第一部　サンデル教授、大いに語る

——対話型講義をめぐって

I　自分自身のこと

少年時代は、どんな子どもだったのですか。

子どもの頃はずっと野球少年でした。自分でプレーするのも試合を見にいくのも好きでした。

野球チームのコーチ（監督）をした経験があるそうですね。コミュニタリアン[1]（communitarian）的なチームだったとも聞いていますが。

私の息子たちが子どもだった頃は、彼らが入っていた少年野球チームのコーチをしていました。一度、夏の決勝トーナメントに出たこともあります。だから息子たちが子どもの頃は夏の間中、一二歳〜一四歳ぐらいの子どもたちの野球コーチをして過ごしたものです。ニューヨークタイムズ紙

（1）共同体主義者。善や共通性を重んじる立場。サンデル教授のほか、チャールズ・テイラー、アラスデア・マッキンタイア、マイケル・ウォルツアーらが代表的論者。三四ページの注10「コミュニタリアニズム」参照。

に載ったこともあるのですよ。(2)

どういったところがコミュニタリアン的だったのですか。

子どもたちがまだ幼いうちに、野球は個人スポーツではなくチームスポーツだということを教えたいと思ったのです。そういうメッセージ、教訓を伝えるために、ホームランのような個人的な達成にはご褒美をあげませんでした。そのかわりに、ルールを作りました。選手の誰かひとりでも、守備の時にバックアップ——つまり選手の誰かが落球するなどのエラーをした時にどの選手であろうと仲間のエラーをカバーしてアウトにもちこんだら、チーム全員にスニッカーズのキャンディーバーをあげることにしたのです。誰であろうとも味方のエラーをカバーしたら、チーム全員がスニッカーズをもらえるわけです。

ひとりひとりが個人的にヒーローになろうとするのではなく、チームスピリッツが生まれました。このことが、記事になったのですよ。記事が載るとたくさんの人が私に苦情の手紙をよこしました。私の功利主義的な考え方が野球を台無しにしている、と(笑)。

‡‡

(2)「フィリーズ(＊サンデル教授のチーム)にスター選手は一人もいない。ベンチで座っている選手は一人もいない。すべて選手が最低でも二つのイニングに出場する」「試合後、彼(＊サンデル教授のこと)は選手たちに電話をし、『よくやった』と彼らを励ます。決して大声でわめくことはない」(The New York Times, Brookline Journal, June 11, 1996)。第二部一四九ページ参照。

それは面白いですね（笑）。

その批判に対して、私は「でも優勝したのはうちのチームですよ」と答えました。個人をヒーローとして褒めるのではなく、ひとつのチームとしてプレーすることを子どもたちに教えることによって、私たちは実際に優勝できたんですから。

あなたはかつて政治家やジャーナリストになりたかったそうですね。

大学生の時、政治ジャーナリストになろうと思っていたのです。しばらくの間、記者として働いていました。一九七四年、米国のある新聞のワシントン支局で一夏のアルバイトをしました。一九七四年の夏といえば、ちょうどリチャード・ニクソン(3)が弾劾された夏です(4)。覚えていますか。

覚えていますよ。あなたのニクソン弾劾についての文章(5)を読みました。

あの文章で私がふれているのが、ジャーナリストになりたいと思った時

（3）一九一三―一九九四年。アメリカの政治家。第三七代大統領。ベトナム戦争の終結、中国との国交成立、モスクワ訪問など、社会主義陣営とのデタント（緊張緩和）政策によって功績を残したが、ウォーターゲート事件によって大統領を辞任。

（4）一九七二年六月に起きた民主党全国委員会オフィスへの不法侵入・盗聴事件、いわゆる「ウォーターゲート事件」への関与が明白になったことで、ニクソン大統領は七四年八月に引責辞任。任期中の大統領辞任は建国以来初という大スキャンダルとなった。辞職によりニクソン自身は弾劾と判決を免れたが、翌九月に出された恩赦を受理したことで実質的には有罪であった。

（5）『公共哲学《パブリックフィロソフィ》――政治哲

のことです。その夏に、［現実の］政治を取材したり記事を書いたりという体験をすこしだけしました。その二、三年後にも、ニューヨークのタイム誌で一夏仕事をしました。かねてからあった政治への関心――政治や選挙や政治討論などへの関心――が大きくなっていったからです。［ジャーナリストとしての活動が］政治的言論に影響を及ぼすひとつの方法だと思ったのです。

研究者になってからも、教授になってからも、相変わらず私は抽象的な思想だけでなく現実の政治に関心がありました。そして、［政治哲学者として］公共的討論や公共的熟議についての分析や理解に貢献し続けたいと思ったのです。

それでは、ジャーナリストの経験をした後で、政治哲学者になったのですね。いま政治哲学者として政治に関わっていると思いますか。

†

確かに私は政治家やジャーナリストを目指したこともありました。大学を卒業した時に、自分は将来何をしたいのか［はっきりとは］わかっていなかったのです。私は政治にはいつも非常に関心を持っていましたから、

学における道徳性についての小論集《エッセイ》（*Public Philosophy: Essays on Morality in Politics*, Harvard University Press, 2005）』第六章「弾劾――かつてと今」。一九九八年に起こったモニカ・ルインスキー事件でのビル・クリントン大統領に対する弾劾について、二一歳のときにヒューストン・クロニクル紙の記者としてウォーターゲート事件におけるニクソン大統領弾劾を取材したサンデル教授自身の体験を綴りながら、党派的な側面、事件の性質の違い、大統領の役割とイメージなどについて、二つのケースを比較した文章。

政治ジャーナリストになるかもしれないと思っていましたし、また、もしかしたら政治の世界に入って選挙に立候補するかもしれないとも思いました。この考えは当時、私の心をとらえて離しませんでした。その後、私は大学院に入り、政治哲学の本を読み始めました。それは、とても興奮《エキサイティング》を呼ぶものであり、かつ苛酷なものでしたが、それらは常に私が関心のあった、公共的生活、平等と不平等の問題、民主政の問題に関連していました。

そして、私は政治哲学について教え、執筆をする政治哲学者となったわけです。政治哲学を現実の世界につなげることにいつも非常に熱心な関心を持ち続けてきました。ですから、いま「私が政治哲学について教えたり書いたり講演をしたりすることは、実際に政治に関わっているのか」と質問されましたが、答えはイエスでもノーでもあります。私は「自分の主要な役割は教育者であり、教師であり、政治哲学の問題を考え抜いて、それについて執筆しようとする人間である」と考えています、その意味ではノーです。そして、政治哲学を他の学者に向けて執筆もしますが、時には一般的な市民のためにわかりやすく書くこともあります。その意味では、イエスです。［この時には］ある意味で、私は大学［や学問という枠］を超え、公共的議論を啓発するように活気づけようとして、政治哲学に携わっているわけです。

その範囲においては、私は公共的生活や政治に関わっている、と言うこともできると思います。しかし、それは、選挙に立候補するといった意味ではなく、「最善の政治とは、教育や公民的教育の要素を取り入れるものである」という考え方における意味です。市民は生まれながらにして、市民となるのではありません。また、民主主義とは二年毎、四年毎、五年毎にただ投票するだけのことではありません。真の民主主義には、一種の長い公民的教育や、共通善[6]を望む習慣を発達させることや、政治において正確な判断と議論ができるために公共的生活について十分な知識を得ることが求められるのです。ですから、政治哲学に携わり、公民的教育に関心を持ち、学術的なコミュニティの境界の外でそれを促進していく者として、その範囲において私は一種の政治に関わっていると言うことができるでしょう。それは党派的な政治ではなく、大まかに言えば政治的教育、民主的な生活において、より良い、より豊かな種類の公共的言論（public discourse）を培い、促進するための政治的教育なのです。

こうした活動のなかで、個人的に最もわくわくする《エキサイティング》役割の部分の一つと

（6）共通善（common good）は、現代のコミュニタリアリズムにおいて実践哲学・公共哲学の中心的概念をなすもので、その善の定義は古くはアリストテレスにさかのぼる。

して、今回のように、[7] 自分が非常に慣れ親しんでいるものとは異なる文化的伝統や歴史を持っている他の国に旅する機会があります。そして、講義をするだけではなく、このような他の社会について――［たとえば］日本が直面している課題について――学ぶのです。誰もが日本がほぼ過去二〇年もの間苦闘し続けてきた経済的課題には気付いています。しかし日本で、特に私の興味を引いたことは、日本の人々が、「経済を超えた問題――日本の民主政の質と特徴に関する問題、どのように日本の民主政を表現するべきか、そしてその目的［はどうあるべきか］について の問題、善き社会における共通善の問題など――についての議論にどのように参加していけばいいのか」について、とても懸命に深い興味を持って考えているということです。

ですから、この役割において、［今回の来日で］私は自分が提供するもの以上のことを学びました。こうしたやり取り[8]や、一般的にこの種の対話は、私にとっては、非常に多くのことを学ぶことができる機会であり、政治哲学における仕事で最もわくわくする《エキサイティング》側面の一つなのです。

(7) サンデル教授は、東京大学ほかでの講演のため、二〇一〇年八月に来日。

(8) 東京大学特別講義のこと。

II　対話型講義とはどのようなものか

あなたの講義「正義（Justice）」を見た多くの日本の教師が「なぜサンデル教授は、これほどまでにすばらしい講義ができるのか」と強い興味を持っています。私自身［小林］も「サンデル教授の指導方針は何なのか。あるいは講義をするうえでどのようなコツがあるのか」といった質問をよく受けます。あなたが対話型講義を始めたのは、今から約三〇年前のことと聞いています。その時、なぜこのような講義法を始めようと思ったのですか。そこに至るまでの動機について聞かせてください。

‡

私がハーバードで教鞭を執り始めたのは、三〇年前の一九八〇年のことです。当時、私はまだ［学者としての］キャリアが始まったばかりの若手の助教授でした。三〇年も教えてきたにしては、あまりに若いと思われると嬉しいのですけれども（笑）。

政治と哲学、また両者の関係というのは、常に私の関心の中心にありました。また、討論《ディベート》に関しても興味がありました。私自身、高校時代には討論をしてみて、とても面白い《エキサイティング》と思っていたのです。大学に入ると、政治哲学を勉強しようと思って一年目に政治哲学のコースを履修し、そこで、先生に指定されてプラトン(1)やアリストテレス(2)といった著名な哲学者の本を読もうとしました。しかし、ほとんど意味を理解できませんでした。「とても難しく、抽象的で、私が関心を持っていた現代の政治とはかけ離れている内容だ」と感じました。私は、政治、歴史、経済のような、自分にとってリアル［現実］に感じられることに興味があり、哲学者の抽象的な思想が、世界に対してどのような影響を与えるのかがわかっていなかったのです。ですから、学部時代は哲学の勉強はあまりせずに、もっとより具体的なこれらの分野を勉強していたのです。

その後、イギリスの「オックスフォード」大学の大学院で学んだ際に再度政治哲学に挑戦してみました。今度は非常に面白い《エキサイティング》と感じ、気が付けば博士論文を書き上げるまでになっていたのです。

そして、一九八〇年にハーバード大学で教鞭を執り始めた時、私はまだ自分自身のことを学生のように思っていました。教授との間に言葉のやり

(1) 紀元前四二七—三四七年。古代ギリシャの哲学者。ソクラテスの弟子でアリストテレスの師。哲学者ホワイトヘッドによる「西洋哲学の歴史とはプラトンへの膨大な注釈である」との評もあるように、西洋哲学の源流となる思想を築き上げた大思想家。現象の世界を超えて〝美そのもの、善そのものといった超越的なイデア（idea）の世界が存在する〟というイデア論を提唱した。

(2) 紀元前三八四—三二二年。古代ギリシャの哲学者。網羅的で多岐にわたる知的体系から「万学の祖」とも呼ばれ、中世

取りがなくて、ただ黙って教授が言ったことを聴いて注意深くノートを取るだけの授業を受けているということがどういうものなのか、自分自身の体験として覚えていました。そこで、私は学生時代の自分が興味を持つことができるような授業を構想《デザイン》したいと思ったのです。

哲学における大きな考え方を、政治や法、日常の生活で私たちが毎日直面している具体的な論争やジレンマなどと結びつける講義です。つまり、いま私が講義で用いている技法（technique）というのは、三〇年前に教鞭を執り始めた頃、私がまだ若く、学生というものがどういう存在なのかについて記憶が残っていて、学生と一体感を持っていたから生まれたものなのです。そうして私は、学生たちを政治哲学に関わらせるような技法を開発したいと思ったのです。学生たちが、「政治哲学を」あまりに現実から遠い、無味乾燥で抽象的な世界だと感じてしまわないようにね。

対話型講義はあなたのオリジナルだったのですか。それとも誰か他の教師の影響を受けたのでしょうか。 ‡

ある程度は影響を受けたと思います。私が留学したオックスフォード大

のスコラ哲学に多大な影響を与えた。政治学を倫理学の延長とし、「人間は政治《ポリス》的動物である」と定義したその思想は、著作『政治学』『ニコマコス倫理学』に詳しい。師プラトンの弁証法に対し、演繹的手法による経験的事象からの分析論を重視、三段論法などを論理学として体系化した。アレクサンドロス大王の家庭教師としても知られる。

学では、チュートリアル・メソッド(3)［方法］が採られていました。これは、課題として与えられた文章を読んだ一人または二人の学生が指導教官と毎週会って、論文の内容について発表し、指導教官がそれについて質問し、議論をするというものです。そこで、学生と教師の間に対話が生まれるわけですね。教員一人と学生一人の一対一か、あるいは教員一人と生徒二人［の一対二］という感じです。

オックスフォード大学のチュートリアル・メソッドはとても有名で、私自身も素晴らしい〝学び〟の方法だと感じました。ですから、ただ学生が授業を聴いてノートを取るだけではなく、自分自身で考えることが必要とされる［対話型講義の］相互作用（interaction）は、ある面では、オックスフォード大学のチュートリアル・メソッドから思いついたものであると言えるかもしれませんね。ただ唯一の違いは、オックスフォード大学のチュートリアル・メソッドは一人か二人の学生だけが関わるものであるのに対して、私の講義には、九〇〇人から一〇〇〇人といった数の学生がいるという点です。私がハーバード大学で試してみたかったのは、対話のために自分自身で考えるといった、チュートリアル・メソッドにおける相互作用の興味深い要素を、もっと大きな教室のなかに適用することだったのです。

（3）すべての学生に担当の指導教員（チューター）を配し、チュートリアルと呼ばれる少人数の討論《ディベート》を通じて考える力と意見の発表力を養う英国オックスフォード大学伝統の教育指導方法。チュートリアルは週一回一時間程度。予備知識なしには議論に加われないため、徹夜で準備に励む学生も多いといわれる。

なるほど。オックスフォード大学の少人数のチューター・スタイルを、より大きな大教室における対話型講義へと応用したわけですね。たしか当時のオックスフォード大学で、あなたは［思想的な影響を強く受けた］チャールズ・テイラー(4)の指導を受けたのでしたね。また、有名なところでは、［リベラル派の代表者の一人］ロナルド・ドゥウォーキン(5)の指導も受けたのではないですか。彼らの講義スタイルの影響は受けましたか。‡

はい。私がオックスフォードにいた頃は、ちょうど二人ともそこで教えていました。二人が一緒に教えていたリベラリズム(6)についての大学院生用のゼミに出席していた時のことを覚えています。私が大学院生だった一九七〇年代後半のことです。テイラーとドゥウォーキンは、リベラリズムに関して異なった見方を持っていました。ドゥウォーキンは、カント(7)やロールズ(8)といった系統のリベラリズムを擁護していたのに対し、テイラーはその批判者でした。そのゼミは本当に楽しかったですよ。彼ら二人が、お互いに討論をし合うのですから。私はそこから多くのことを学ぶことができました。

（4）一九三一年―。カナダの政治哲学者。ヘーゲル研究者として出発し、今日の哲学に大きな問題提起を行っている。主著『自己の諸源泉』（一九八九年）で西欧近代に誕生した「自己」の形成を説き明かした。代表的なコミュニタリアンとみなされており、八〇年代にはリベラル・コミュニタリアン論争、九〇年代には多文化主義をめぐる世界的論争を主導した。西欧社会における世俗化と宗教の関係について、大著『世俗の時代』（原題 *A Secular Age*）を二〇〇七年に公刊。

（5）一九三一年―。アメリカの法哲学者で、リベラル派の代表者の一人。「純一性としての法（law as integrity）」理論は、法の本性についての現代の主導的な理解の一つとされる。主著『平等とは何か』（原題 *Sov-*

こうした経験から、私はいつも授業において、討論や議論を含む教え方をすることが好きになったのです。特に私たちが扱う［政治哲学の］領域では、そうした方法をとることで、考え方や議論を試《テスト》すことができると思うからです。これは、ただ講義を聴いているだけではできませんからね。

講義に対するそのような考え方は、チャールズ・テイラーやあなたなどのコミュニタリアンの考え方とも大きく関係しているようにも、私には思われるのですが、どうでしょうか。 ‡

はい。ある意味で、私は市民の間の公共的言論における公民的熟議（civic deliberation）の理想を教室に移し入れているわけですからね。私が学生にこの教え方から学んでほしいと思っていることの一つは、講義を集中して聴くこと以外に、〝真剣にその題材(9)（material）に向き合い、自分自身のために深く考え、他者の議論に敬意を払ってしっかりと聴く〟ということなのです。

そして、［講義における］私のゴールの一つは、ただ教えることのモデルを示すだけではなく、「政治とはどうあるべきなのか」についての一つの

ereign Virtue（二〇〇〇年）では、「社会の構造上すべての個人は、平等な気遣いと敬意を受ける権利を授与されている」と述べ、「平等の理論」を提唱している。

（6）近代社会が不可避的に抱え込む価値対立の克服のために構想された政治哲学の原理。自由主義と訳されることもある。異質な価値観を持った者同士の共存は、個々人の自由を認め合い、共生することでしか解決しないという考えに基づく。ホッブズ、ロック、カントといった近代哲学者が、「自由」や「権利」を基本的原理とするリベラリズムの立場を深めてきた。

（7）一七二四―一八〇四年。プロイセン王国出身の哲学者・思想家。ドイツ観念論哲学の祖といわれ、批判哲学を提唱、そ

モデルを提示することなのです。政治的な熟議（political deliberation）では、時には深刻な問題をめぐる激しい対立を伴いますが、それは、常にお互いへの敬意の上で行われることが理想です。それはまさに、私の教室のなかで起こっていることであり、理想としては、公共的生活のなかで行われうる政治的言論の一例でもあるわけです。私のゴールの一つは、そういった類の政治的な熟議を励ますことにあるのです。

つまり、私がしているような教え方は、学生たちに哲学を教えることだけでなく、「良い」市民となる手助けにもなるわけですね。今日の大きな公共的問題に批判的に向き合い、それに対して批判的に省察（reflection）することができるような、そんな市民になるための。

一般論で結構ですが、コミュニタリアニズム[10]的な考えを持った教師と、リベラルないしリバタリアニズム[11]的な考えを持った教師の間で、教え方に違いが生まれると思いますか。

教え方や手法の選択は、個々の教師の人格によるところが大きいのではないでしょうか。哲学的見解との関係は、それより小さいように私は思い

れまでの認識論に「コペルニクス的転回」をもたらした。主著は『純粋理性批判』『実践理性批判』『判断力批判』の三批判書。その影響力の大きさから近代哲学史上の巨人の一人に数えられる。

（8）一九二一―二〇〇二年。アメリカの政治哲学者・道徳哲学者で、リベラリズムの代表者。二〇世紀を代表する倫理学・政治哲学の著作の一つ『正義論』（*A Theory of Justice* 一九七一年）で「正義」の根拠と正当性を論じ、思想界のみならず同時代の人々に広く影響を及ぼした。公正を基底的理念として提示したその思想は普遍主義的リベラリズムの立場を代表するものだが、後に理論の人類的普遍性を否定。リチャード・ローティらと同様に「政治的リベラリズム」の立場に立った。

ますね。

では、リバタリアニズム的な思想から、非常に面白い教え方が生まれるということもありえるかもしれませんね（笑）。 ‡

可能性はありますね。ある人の哲学的見解と教え方に必然的な相関関係があるとは、私には思えないのです。学生たちが積極的に自分自身で考えるようになってほしいと思う人は、哲学的な立場にかかわらず、誰しもがこの講義法を取り入れることができると思います。

あなたの対話型講義は、ちょうどプラトンが書いたソクラテス[12]の「対話篇」[13]のような趣を持っていますね。対話相手がさまざまな議論を繰り出してくるのに対し、ソクラテスは対話を通じて彼らの議論の難点を明らかにしていきます。あなたの講義方法は、まるでソクラテスを髣髴《ほうふつ》とさせます。ソクラテスの方法について、あなたはどうお考えですか。あなたの講義方法はそれに近いものであると思いますか。 ‡

（9）事前の読書課題や講義で出される事例・思想などのこと。

（10）一九八〇年代以降、英米を中心に発展した、善や共通性を重視する政治思想。一般に共同体主義と訳される。ロールズらの提唱するリベラリズムに対抗する思想の一つだが、個人を共同体に隷属させる抑圧的な全体主義・国家主義とはまったく異なる。あくまで自由民主主義の枠内で、リベラリズムでは軽視されかねない精神性や共通性の重要性を尊重することに主眼がおかれている。付論二二〇―二二四ページ参照。

（11）自由主義的思想のなかでも特に経済的な自由を重視する政治思想。自由原理主義。ロールズ的なリベラリズムと区別するため、真正自由主義、自由至上主義、古典的自由主義などと

私の講義法がソクラテスの問答に近いのですか。

そうです。私を含めて、何人もが同じことを感じています（笑）。

そうですね、私がソクラテスや彼の方法に関して感じている唯一つの問題は、彼が多くの人をいらつかせ、怒らせてしまったことなのですよ（笑）。実際、彼はそれで死刑になってしまったわけですよね。[14] ですから、〝私も同じ運命をたどることはないように〟と願っています（笑）。

ソクラテスの「登場する」「対話篇」を読んでみると、その質問がいかに攻撃的であったかがすぐに理解できます。ソクラテスは、時には答えを聞くことを目的に質問するのではなく、誘導するために質問していました。こうした部分が、アテネの人々をいら立たせることになってしまったのだと思います。この点では、私はソクラテスを真似たいとは思いません。私は、対話のなかで、ソクラテスよりも敬意を払って人の話を聞きたいですね。

確かにその点では、ソクラテスとあなたではだいぶ違いますね。ただ、講

‡訳される場合もあるが、単にリバタリアニズムと表記される場合が多い。所有権ないし経済的効率を重視して、福祉のための課税に反対する。ミルトン・フリードマン、フリードリヒ・ハイエク、ロバート・ノージックらの思想がこれに位置づけられる。付論二一七—二一八ページ参照。

（12）紀元前四六九頃—三九九年。古代ギリシャの哲学者で、西洋哲学の祖の一人とされる賢人。プラトンはその弟子。対話を通じて相手に疑問を投げかける「問答法」を用いて哲学を展開し、相手に無知や矛盾を自覚させ、自らには「無知の知」があると考えた。著述は行っておらず、自筆の著作はない。その思想は、プラトンや歴史家クセノフォン、アリストテレスらの著作によって紹介されている。

義をする以上、授業の進行、方向性や計画といったものがありますよね。そして、ソクラテスにも人を一定の方向へ導く意図があった。その点ではやはり近いものがあると思いませんか。‡

ええ、［講義をするうえでの］目標《ゴール》はあります。単純に意見調査をしているわけではありませんからね。講義には、方向性や目的、ポイントといったものがあります。哲学的な目的を持っているということに関しては、私はソクラテスに似ています。質問もランダムに尋ねているわけではありませんし、根本的な論点を目標にしています。その点では、やはり近いですね。

あなたが採用している対話型講義は、多くの教育者に大きな衝撃《インパクト》を与えました。対話型講義の目的について聞かせてもらえますか。†

三〇年前に教え始めた時、私は、政治哲学の授業を大学時代の自分が興味を持てるような内容にしたいと思いました。ですから、「正義」の授業で学生たちに有名な哲学者たちに触れさせるとともに、それらの思想を

（13）プラトンの著書として伝わるものには対話篇と書簡があり、その大部分を占める対話篇は、師ソクラテスを主な語り手とする他者との会話形式を用いて記述されている。これらは紀元前二世紀に古代ローマのトラシュロスによって最初の全集として編纂され、『ソクラテスの弁明』『饗宴』『国家』『法律』などはこれに含まれる。

（14）ソクラテスは人々に「無知の知」を自覚させたが、同時にそれを指摘された対話者たちから敵視もされた。結果、詩人メレトスの告発により公開裁判にかけられ、アテネ市民は死刑判決を下した。その際の反対弁論がプラトンの『ソクラテスの弁明』によって伝えられている。逃亡や亡命も可能だったが、弟子らによるそうした助言を拒否、「単に生きるのではなく、善く

――学生たちが強い関心と意見を持っていて、またすべての市民が深い関心を持っている――現代の道徳的・政治的な論争と結び付けようとしたのです。こうしたアプローチがソクラテス的方法へと発展し、学生たちを対話に向かわせ、困難な問題やお互いに意見が一致しないような難しい問いに答えるように、彼らに挑戦させたのです。

学生たちにとっては、非常に親しい友人やクラスメイトもいる一〇〇〇人もの前で立ち上がって自分の意見を言うのには、多くの勇気が必要とされます。また、ただ意見を言うだけでは終わらず、その理由を説明し、議論を呈示しなければなりません。しかも、他の学生が自分の意見に対して反論してくるかもしれないという状況においてです。

私は、こうした能力を発展させていくことは、学生たちが一般社会に出て民主的な市民となった時に、大きな強みと自信の源泉となると思っています。「自分の経験から」ただ抽象的な哲学の本を読むだけでは学生たちをおじけづかせるばかりだということを覚えていましたから、この教え方を採ったのですが、その理由の一つは、〝本来哲学とは現実の世界につながっているものなのだ〟ということを示そうと考えたことなのです。

ソクラテス的な教え方を採用するもうひとつの理由は、学生たちを自分

生きる」意思を貫き、獄中で毒杯を仰いで死んだ。

自身の学習、自分自身の教育に巻き込むことにあります。それは、「最高の教育とは、自分自身でいかに考えるかを学ぶことである」という学生たちへの強力なメッセージになります。私の授業では、時には偉大な哲学者相手や指導教授にすら質問を投げかけ、挑み、議論をするのですから。

私がとても興味深く感じたのは、ティーチング・フェローの存在です。あなたの講義において、彼らの存在がとても重要な役割を担っているのではないかと感じました。彼らの仕事は、基本的にはどのようなものなのでしょうか。学生たちが講義の準備をするうえで、ティーチング・フェローのアドバイスを参考にしているのですか。

‡

その通りです。この授業[15]（course）では、あなたも見た[16]ように、私の担当する週二回の講義があります。その他にも、学生たちは週に一回、三時限目として、一八人程度の少人数で構成されるディスカッション・グループに参加します。少人数のグループの環境で、授業中で話題に上った問題について議論できるわけですね。これらの少人数のディスカッション・グループは「セクション（section）」と呼ばれており、ディスカッション・

（15）ハーバード大学の授業（course）は大きく分けて次の四つで構成されている。①事前の読書課題（pre-reading）、②講義（lecture）、③少人数でのセクション（section）、④小論と試験（output = papers and exams）。

ゼミとも呼べるものでしょう。この「セクション」を導くのが、私が募集・選出して、雇い、訓練を施し、監督をしている大学院生のティーチング・フェローたちです。

ですから、学生には、週二回のホール［サンダース・シアター］での九〇〇人以上の対話の他にも、毎週一八人の小グループで議論できる機会があるわけです。「セクション」内では、お互いを本当によく理解し合うことになります。彼らは題材（material）について議論し合います。その主題における小論（paper）の書き方なども学びます。[17] 学生たちは、その「セクション」の担当となった大学院生から細かいアドバイスや指導を受けることができるのです。「ゼミ」という表現がその内容を伝えやすいかもしれないですね。

ティーチング・フェローを務める大学院生は何人ぐらいいるのでしょうか。三〇人くらいでしょうか。

‡

そうですね、三〇人くらいですね。毎週月曜日に彼らとミーティングがあって、その週の題材について議論します。その他にも、学生の小論や、

(16) 二〇一〇年一一月二二日と二五日の二回、サンデル教授の講義を実際に見学した（小林）。

(17) 二〇一〇年の受講者（小林亮介氏）によると、期末試験は三時間で三問は解答する。その他に、七ページくらいの小論を二―三本提出することが求められているという（『SAPIO』二〇一一年三月三〇日号、八〇―八一ページ参照）。

試験についての評価や成績のつけ方に関しても議論をしますね。

学生は小論を書くと聞いています。いくつ書くのですか。 ‡

二つです。実践的なトピックで、哲学的な問題が浮かび上がる同時代のことに関して論じさせています。これらの小論を通して、学生がある立場について「自分がその立場につく」理由を明確に提示し、哲学的な考え方を適用できる能力を発達させるように設計《デザイン》されています。[18] そして期末試験においては、アリストテレスやカント、ジョン・スチュワート・ミル[19]といった、哲学者たちに関する理解を見ます。

なるほど、では学生たちはあなたの講義とゼミ的な「セクション」の両方を受けるわけですね。これはとても全体的なシステムですね。 ‡

まさにその通り、全体的なシステム（whole system）です。彼らは講義を聞いて、そのなかですらも主体的に議論に参加しますが、もちろんすべての人が一度に参加する時間はありません。恥ずかしがりやで、九〇〇人、

（18）学生たちが書く小論（paper）は、命題《テーゼ》の質（quality of thesis）、構造（structure）、哲学的概念の明確な提示（grounding philosophical concepts）、哲学的概念の適用（applying philosophical concepts）、反対議論の使用（use of counterarguments）といった明確な規準のもと精査される。二〇一〇年度には、この二本に加えて、レスポンスペーパー数枚の提出が必要だったという（小林亮介氏）。

一〇〇〇人といったクラスメイトの前で挙手をして話すのをためらう学生もいます。ですから、一八人ほどの少人数で毎週開かれる「セクション」は、彼らにとってはより多くの発言ができて、より深くまでコースの題材を学ぶいい機会になるわけです。

最初の授業では、あなたは〝哲学は私たちを慣れ親しんだものから引き離す。……君たちを良い市民にするよりも悪い市民にする危険性を秘めている〟と言っています。[20]「悪い市民」の意味について、説明してもらえますか。

††

「悪い市民」とは、いくぶん皮肉な意味なのです。その皮肉とは次のようなことです。哲学がソクラテスから始まった時、彼は自分と関わりがある人々の安定した想定［考え方 assumption］を破壊して、彼らを怒らせ、彼ら自身の想定、また都市の法律がその根拠としていた想定にも疑問を持つよう彼らに促しました。ですから、多くの意味で、ソクラテスはいら立たせる存在でした。彼は人々に質問し続けたからです。しかし、そのように哲学的に質問することは、慣れ親しんだ振る舞いや考えや行動のパター

(19) 一八〇六―一八七三年。イギリスの哲学者・経済学者。社会民主主義、自由主義思想に多大な影響を与え、特に『自由論』(一八五九年)で展開した思想は政治哲学の分野に大きく貢献した。ベンサムの功利主義を擁護したが、正しさの判断基準を量的快楽の計算に求めたベンサムに対し、そこに質的な差異を認め、精神的な快楽の重要性を説いた。ユートピア社会主義思想などの影響を受け、晩年は自らを社会主義者と称した。

(20)『ハーバード白熱教室講義録＋東大特別授業〔以下『講義録』〕上』二二―二三ページ、早川書房、二〇一〇年。

ンから一歩下がらせ、私たちが考えていること、私たちがしていることへの批判的な省察を私たちに強いるのです。また、私たちを治める法律や政治を批判的に熟考することにもなります。ですから、ある意味で、哲学は私たちを世界に対して〝よそ者〟にするのです。哲学は、既存の設定の世界を新たな目で見ることを可能にするものです。それが〝哲学は私たちを世界から引き離す〟という私の言葉の意味です。

　そうした点では、哲学は私たちを「より悪い市民」にするものだと思う人もいるでしょう。自分たちの考え方を持つようになるので、おそらく服従を好まなくなるからです。しかし、皮肉に「より悪い市民」と言ったのは、法律や政策や政治家の言明を批判的に省察するからであり、究極的にはそれが私たちを「より良い市民」にするのです。それは、政治家が私たちに言うことや彼らが決めた正義に反する取り決めに対して挑戦できる、批判的精神を持った民主的な市民をつくるのです。ですから、批判的省察におけるこの「現実的肯定から」「離されるという要素（element of estrangement）」によって、物事は不安定になるかもしれません。しかし、このような批判的省察に参加することが、究極的には私たちをより良い市民にするのです。これが、私が「皮肉な意味」と言う理由です。

講義を受けている学生たちにとっての最終的な目標《ゴール》とは、何ですか。

††

このコースの最後には、私自身の考えも伝えていますが、学生たちが皆、私が賛成している正義[21]や善き生[22]に対する考えに達することが、このコースの目標《ゴール》ではありません。私の考える本当の目標《ゴール》とは、学生たちが自らの道徳的・政治的信念を批判的によく考えることができるようになること、そして彼らが信じていることとその理由を明確にできるようになることです。そのために、講義のなかで、彼らを誘い、彼らに挑むのです。

つまり、学生たちのなかに批判的省察の習慣を発展させるということです。そうすれば、彼らはやがて世の中に出て、批判的精神を持った有能な市民となり、世界をより良い場所にするために、彼ら自身の人生のなかで何事かを為すでしょう。もしそれが私の講義の結果であれば、嬉しく思いますね。ですから、学生が何か特定の問題や特定の哲学的論点について、私に同意していようと反対していようと構わないのです。

あなたが講義で自分の意見をほとんど言わない理由は何ですか。

††

(21) 正義を考えるうえで善や目的について論じることは避けられないというのがサンデル教授の立場。付論二二三―二二七ページ参照。

(22) ソクラテスが死を前に提示したような「善き生」(good life)は、善や正義といった哲学的・倫理学的な主題を内包した観念であり、「善き生とは何か」の解釈をめぐる議論は古くからある。現代では功利主義やリバタリアニズムとの対比の中でコミュニタリアニズムの理念を表す語として「正義」「美徳」「共通善」といった概念とともに用いられることが多い。

私はコースの大部分で自分の意見を言いません。私はどの理論も、どの哲学も、はじめにできる限り最も強いものとして教えたいと思っています。そうすれば、学生たちはその考えの背後にある道徳的な力を正しく理解します。

次に、学生たちの助けを借りながら、それに対する可能な限り強力な反論を展開します。そして、その反論に照らして、別の哲学を考えていくのです。

私がこのコースを功利主義[23]から始めている理由もこの点にあります。功利主義は、とても馴染みがあり、シンプルで率直な思想だからです。まず、私たちは功利主義の道徳的な力を明らかにしようとします。たとえば、「究極的には数が重要なのではないのか」というように。そして「次に」、それに対する反論や、反論に答えるための理論を検討します。たとえば、権利に関する強力な理論や、絶対的［定言的］な信念などです。

私が自分の見解を言わないのは、講義では、どの哲学を取り上げる場合でも、最も強い賛成の議論と最も強い反対の議論を展開させることを主として試みているからなのです。

しかし、一年間のコースの最後には、自分自身の見解を提示します。な

（23）社会全体の幸福を重視し、行為や制度の善悪は理性や客観的な真理でなく、一人一人の効用（utility）の総和によって決定されるとする思想。イギリス産業革命期にベンサムによって体系化され、門弟のジョン・スチュワート・ミルが理論に修正を加えた。「最大多数の最大幸福」を論じた初期の思想は古典的功利主義と呼ばれ、現代では功利主義の理論は多様化している。

ぜなら、究極的には、私が考えていることを少なくとも広範な哲学的な用語で言うことなしに道徳哲学や政治哲学を一貫して教えることができるとは、まったく思っていないからです。学生たちは私の考えを知りたいでしょうし、知るべきなのです。

　コースの最後の数週間になって私の見解を聞く頃には、学生たちはすでに一連の別の見解や観点を身につけていて、私が提示するものを受け入れたり、拒否できる立場にあります。そして、彼らは私の考えに挑戦したり、疑問を呈することにためらいはしません。私はそれを心強く感じています。もし、彼らが、「省察と挑戦と質問の旅（journey of reflection and challenge and questioning）」とも言うべき、このコースの後で、自分の教授の考えをただ受け入れているのであれば、とてもがっかりすることでしょう。実際に、私に同意する学生もいますが、他の多くは私に反対です。最後の一、二週間では、「政府は善き生について中立であることができるか」「正義と権利についての問題を実質的な道徳的《モラル》・精神的《スピリチュアル》(24)［霊的］な問題から切り離すことができるか」といった議論を行います。私は正義の問題を道徳的・精神的な問題と切り離すことができないと言いますが、多くの学生は、「私たちはそうしようとするべきであり、切り離すことはできる」と考えます。

（24）サンデル教授が言う「スピリチュアル（spiritual）」は日本語の「精神的」というだけでなく、「物質的（material）」でないもの、つまり「非唯物的」ないし「霊的」といった意味も含んでいる。

私の立場、〝こういった事柄を私がどう見るか〟について、学生たちには率直に知ってもらいたいと思っています。異議を唱えるのは自由ですし、実際に多くの学生はそうします。そして、私たちはとてもいい議論を行えるのです。

対話一般についても質問させてください。ある問題に関して、そもそも問題が何も無いと感じている人は、対話に参加しません。時には、学生たちもクラス外では現実の問題に関する対話に参加することを好みません。この場合、こうした学生を日常の問題に関しても積極的に関わるように促す方法はありますか。

‡

そうですね、民主的社会における公共的言論のレベルを上げるために、私たちができることは数多くあると思います。確かにアメリカにおいては、私の見解では、公共の場での議論は比較的低いレベルにあると思います。重要な問題についての関心は高くなく、政治において道理にかなった意見は、「本来」あるべき数よりも非常に少なくなっています。私の印象では、これは多くの民主的社会においても同様です。

私たちがすべきことの一つは、民主的な企て（project）を再び活性化する手段として、この社会における公共的言論の質を高めることだと思います。その面において、教育機関は特に大きな役割を担うでしょう。学生には、公民的教育によって備えがなされなければなりません。つまり、彼らは大学在学中にこうした社会の大きな問題と向き合わなければならないのです。ある程度の公民的教育は、高校からでも始められるべきだと私は考えています。

また、メディアが担う役割も大きいと思います。公共の場での言論の質は、部分的にはメディアが何を提供し、要求し、示すかによるからです。多くのメディアは、怒鳴り合いのような争論や、視野の狭い議論を取り上げます。私は、メディアは、真剣な議論と礼節に基づいて意見の不一致を明らかにするための場（forum）を提供する必要があると思います。

最後に、政党も公共的言論の質を高める上で重要な役割を担っていると思います。しかし、国民がそれを「政党に」要求するまでは、達成されるとは思いません。つまり、「公共的言論の質を高めることは」教育機関やメディアが、より良く、高尚な公共的言論を作り出せるかにかかっているのです。

［インタビュー中のサンデル教授］

日本の人々は、「アメリカでは、大学でも政治の世界でも質の高い議論が行われているけれども、日本の対話の質はとても低い」と想像していることが多いようです。あなたはアメリカにおける対話も問題を抱えていると思っているのですね。

‡

そうですね、アメリカは多くの問題や課題を抱えていると思いますね。政治における公共的言論では特に顕著です。ですから、〝アメリカにおける公共的言論の質は本来の水準のものではなく低い〟という感覚が広がっているのではないでしょうか。ですから、もし日本にもそうした懸念があるのだとすれば、共有する懸念、共通の苦境なのだと思います。私たちはともに窮地にいるとも言えるでしょう。

‡

まったくそのとおりですね。現実世界において建設的な対話を行うためには、最終的には相手が折れて合意することが必要な時もあります。合意の可能性についてはどうお考えですか。

難しい道徳的問題についての公共的な合意の可能性は、その問題ごとに大分変わってくると思います。また、時間の経過や、時代時代によっても変わってくるでしょう。

アメリカを例にとれば、二世代ほど前、公民権と少数派への平等な権利に関して深い対立(25)がありました。今では、なお完璧に平等であると言うわけではありませんが、公民権や少数派への平等な権利に関して、基本的な道徳的問題についての合意《コンセンサス》は存在しています。二世代ほど前、その不一致は深いものでしたが、今では合意があります。これは、時間を経ることで、ある問題に対して合意が生み出された一つの例です。他には、未だに意見の不一致が解決しない問題が多く存在します。ですから、こうした問題を解決し、合意を作るための唯一の定式や秘訣《レシピ》のようなものは存在しないと思います。ケース・バイ・ケースでしょう。

しかし、重要なことは、私たちがこれらの政治上の難しい問題について議論する時に最終的に合意できるかどうかは、試してみなければわからないということです。ですから、「どうせ合意できないだろうから」といった理由で、難しい道徳的問題への市民の公共的な関わりを排除してはならないと思います。試してみるまで、実際に何らかの歴史的・政治的な展開が起きるまでは、誰にも答えはわからないのですから。そこで、私たちは

(25) 一九五五年のモンゴメリー・バス・ボイコットに端を発した人種差別撤廃の試みは、キング牧師らによる公民権運動として発展し、全米を二分する対立を生み出した。六四年の公民権法制定で法的な意味での平等は達成されたが、少数派や社会的弱者に対する実質的な差別は現在も根深く残る。九〇年代初めのロドニー・キング事件とそれに続くロス暴動、二〇〇八年大統領選でのオバマ候補への人種差別的攻撃など、深刻な亀裂がしばしば社会的に顕在化する。

難しい問題に関しても、道徳的に、より積極的に関わる形で公共的言論の場を設けるべきだと思います。時には、公民権や人種間の平等のように、時間を経て合意に達することもあるわけですから。一方で、アメリカを例にとれば、妊娠中絶問題(26)のように、両者の間に深い対立が残るだろう場合もありえます。しかし、これらの問題にもまっすぐに目を向けることが、たとえ合意に至らないとしても、市民としてふさわしいお互いへの尊重を深めることができると考えています。そうすることで、すべての市民の意見は無視されることなく、真剣に検討されるわけですから。

(26) 人工妊娠中絶はアメリカの国内法では合法化されているが、宗教心の篤い保守層からは強い反発があり、大統領選をはじめ選挙のたびに政治的争点とされることが珍しくない。リベラルな立場の民主党支持者に容認派が多く、保守層を基盤とする共和党支持者では反対派が多数を占める。中絶問題は哲学的・宗教的問題をはらむため、立場の異なる両者の溝はアメリカの文化的亀裂としても取り上げられる。

Ⅲ　講義法について

ソクラテス的方法による対話型講義を始めようと思っている日本の教師、また講義を受けてみたいという生徒や学生にとって、あなたのような授業を行うことは簡単ではないでしょう。具体的に、何かアドバイスやコツのようなものを教えてもらえますか。†

ええ、簡単とは言えないですね。ある意味で、私が教えている政治哲学や道徳哲学といった科目は、意見の不一致も起こりやすく、現代世界とも深く関係しているので討論《ディベート》が容易です。ですから、他の科目にソクラテス的方法を当てはめるのは難しいのではないかと想像します。仮にするとしても、すこし違った方法で行うことを考えなければならないでしょうね。

しかし、学生たちを自ら学ぶようにさせること、学校の先生や教授に質問をしたり、時には議論を挑んだりするようにさせることはとても有益だと思います。
ですから、もし私が学校の先生や高校・大学などの教育機関へアドバイスをするならば、まずは、それぞれが独自のやり方を考えることを勧めます。これには唯一の方法というものはないと思いますが、学生たちが自分自身で活発に学ぶようになるための方法を考えてみてください。文学、歴史、あるいは経済学や科学であっても、学生たちを積極的に学習に関わらせるための方法はあるはずです。実際の技法《テクニック》は、科目や学生の年齢によって違ってくるでしょうが、これが実現できれば、教えることや学ぶことが、教師と学生の双方にとってより面白い《エキサイティング》なものになります。

日本の人たちは、あなたが授業で見せる独特のスタイル——腕を大きく広げて学生を当てるなどの洗練された仕草も含めて——にとても引き付けられました。教師にとって、学生たちを授業に集中させることはとても重要ですね。あなたはどのようにして今のスタイルを思いついたのですか。また講義を成功させるための秘訣や実践的な方法を教えてもらえますか。具体的にお願いします。

†

一つ実践的なアドバイスをしましょう。これは、私の専門の政治哲学だけではなく、すべての科目に当てはまる一般的なことです。

私は、教えることの非常に重要な部分は聴くことだと思っています。私たちは、教えることとは、学生たちに情報を与えて彼らに講義をし、時には説教をすることだとさえ考えがちです。しかし私は、教えることの重要な部分の多くには、聴くことが深く関わっていると思います。

学生に講義している時、私は頭のなかで自分が提示したい議論や題材の順番について考えています。講義中のソクラテス的対話のなかで学生が提示した議論やその理由を聴いている時にも、私は、〝対話している学生は自分では十分に明確に表現できていないけれども、その学生の意見の背後にある理由は何だろうか〟と耳を澄ましています。学生の意見の背後にある、正に根本的な思想であるかもしれないものに近付けるよう、学生の答えを多少――あくまでも穏やかにですが――言い換える〔再定式化する reformulate〕こともあります。学生が何を表現しようとしているのかを想像しながら耳を澄まし、そして他の学生の反応を促すことが非常に重要ですね。

聴くことに関して、教師の立場からは、もうひとつ重要な点があります。

それは、今説明したような、行ったり来たりしながら議論を表すこととは関係ありません。

それは、こういうことです。講義があまりうまく進んでいなくて、学生たちが混乱したり、退屈したりしている時、私はそれにすぐに気が付きます。なぜだと思いますか。講義がそのような状況の時は、学生がやたらに咳をしたり、足をちょっと動かすなどの音が教室内で聴こえてくるのです。以前は、咳は無意識の反射作用だと思っていましたが、そうではありません。なぜなら、私がうまく講義を進めていて、学生たちも講義に没頭して注意深く聴いている時は、誰も咳をしないからです。私があまりうまく講義をできていなくて、学生たちが退屈したり、混乱している時は、ものの二、三分で咳が聴こえてきたり、足を組み替えたりする学生が出てきます。突然、紙が動いたり、笑い声も聴こえてきます。

ですから、教室内の音をよく聴いていれば、「何かをもっとうまく説明しなければならない」「話題を切り替えなければならない」といった合図が私に送られてくるのです。

ですから、聴くことには二つのレベルがあります。一つめは、学生が実際に話していることを聴いて、理解し、時には言い換えてあげるレベルです。もう一つが、単に教室の感覚や感触、雰囲気に耳を澄ますというものです。

その意味では、学生とのアイコンタクトも、重要なヒントとなります。これは、私は教師として常日頃よく感じていることで、すべての教師に当てはまるに違いないと思います。教師が、〝自分が学生と通じ合っているかどうか、学生が理解しているかどうか〟を確かめるには、学生の目を見ればわかります。これは、科目にかかわらず――自然科学でも、哲学や歴史などの人文科学でも、また初等教育であっても――当てはまる一般的なアドバイスです。

学生の発言の背後にある意味を想像し、時に言い換えてあげることの重要性について、もうすこし具体的に聞かせてください。言い換える時のコツについて。

‡

そうですね、まず大規模な教室のなかで学生に質問を投げかけるというのは、教師として自分自身を予想不能な状況にさらすということです。台本にはない予想不能なことが、講義の面白さの一部であるわけですが。講

［インタビュー中のサンデル教授と小林教授］

義には構造はありますが、台本は存在しません。ですから、学生の反応には、自然発生的で予想不能な要素が入ってきます。たとえば、ある学生の反応は他の学生よりも保守的なものかもしれません。また、重要な問題により直結しているものもあれば、ポイントを外しているもの、主要な問題から距離が離れているものもあります。ですから、ほとんど当たってはいるが、すこしだけ核心を外してしまっている部分を言い換えてあげて、より大きな問題へと関連づけられるようにすることが必要となってきます。学生たちもそれを望んでいます。もしすこしだけ言い換えてあげることで問題の核心へとつながれば、学生も達成感を感じるわけです。

しかしこれは、学生の考えを完全に言い換えて、主張を捻じ曲げてしまうこととは違います。度を越せば、学生も、自分の考えが歪められてしまったことに気付いてしまうでしょう。ですから、学生の考えが重要なポイントに近い時に、わずかに言い換えてあげることが重要なのです。

もし、学生の発言が妥当でない場合は、あまり無理に発言を捻じ曲げて近づけようとするのではなく、正直にそのことを伝えてあげることのほうが大事になります。学生は、教師の〝操作〟にはすぐに気付き、自信を失い、教師も彼らからの信頼を失うことになりかねません。

ですから、発言をすこし言い換えてあげることで真の問題の核心に近づけることも必要ですが、時には、穏やかに新たな発言を求めたり、その発言が的を射ていないことを優しく暗示してあげて、次に進むことも必要となりますね。

とても興味深いですね。では、もうひとつ実践的な技法を教えてください。授業中、多くの学生が発言しようと手を挙げて、あなたに当てられたがっていますね。どのようにして当てる生徒を選んでいるのですか。当然、あなたのほうは問題の核心に近づくような良い意見を学生から聞きたいわけですよね。当てる基準は何ですか。

ある程度は、それは運の問題です。一番重要な論点に辿りつく学生をすぐに当てることができる日もあれば、そのようにはうまくいかない日もあります。しかし、学生たちの間で議論が進んでいる時に、ある学生がずっと手を挙げているのは、多くの場合、他の学生たちが言っていることをあまり聴いていないことを意味します。ですから、私は長い間ただ手を挙げている学生には当てないことが多いのです。

しかし、ある学生が他の学生の議論を実際に追っていて、そのことについて真剣に考えたうえで手を挙げたのが私の目に入れば、おそらくその学生がその前の発言に対して応答する可能性が高いのです。これが、誰を当てるかを判断する一つのやり方です。

もうひとつ実践的なアドバイスをしましょう。これには、授業に男女が幅広く参加してもらうことが関係します。私が教え始めてから最初の一五年ほどの間は、授業で質問をすると、すぐに決まった数人の手が挙がっていました。私がそのうちの一人を間をおかずに当てたとしましょう。その場合、発言者のほとんどは男子学生です。でも、私がそこで、二、三秒待って、教室を見まわしたとしましょう。そのわずかの間に、もっと多くの手が挙がります。そして、その多くは女子学生なのです。ですから、いつも最初に手を挙げた人に当てるのは、おそらく正しい方法ではありません。それでは、男性が女性よりも授業中で多く発言することにつながってしまうかもしれません。このことに気が付いてから、私は男女の意見双方をバランスよく取り入れることを意識するようになりました。

近年では――少なくとも私の学生については――この傾向は変わり始めていますね。この数年で気付いたことですが、今では女性も男性と同様に早く手を挙げます。でも、これは比較的最近のことです。現在では、私は自分でも気付かないうちに――あまりはっきりと考えることもなく――当てる学生を選ぶ前にどのぐらいの時間待つべきか判断しています。すぐに手を挙げる学生というのは考える時間をとっていません。一方で、一瞬考えてから手を挙げる学生は、もしかしたら授業にとってより価値のある貢献をするかもしれません。ですから、最も具体的なアドバイスとしては、最初に手を挙げる人をいつも当ててはいけないということになるでしょうね。

学生や聴衆がこの講義の虜になる一つの理由は、あなたが提示する道徳的ジレンマ[1]にあると思います。道徳的ジレンマを提示する際の技法を教えてもらえますか。講義中に、適材適所のジレンマの例をどのように提示するのですか。

はい。〝講義中のある場面で、どの道徳的ジレンマが適しているか〟ということは、その時にどのような哲学的な考えを試そうとしているかによって見つけることができます。ですから、まず調べたい哲学的な考えを決

（1）サンデル教授はある哲学的立場について学生たちに考えさせるために実例や仮設的な例など、様々な道徳的ジレンマを提示する。功利主義に関する「暴走する路面電車を止めるために一人を犠牲にして五人を救うのは正しいのか」やリバタリアニズムに関する「貧しい人間を助けるためならビル・ゲイツやマイケル・ジョーダンなどの大金持ちへ課税することは許されるか」などのジレンマが有名。

めて、そのうえでその問題にうまく当てはまる道徳的ジレンマを探すのです。

たとえば、目的が功利主義の哲学について考えることだとしましょう。最大多数の最大幸福を目指すという考えです。幸福を最大化するということはすべての人が生じさせたいわけですが、そのために何かしら誤ったことや個人の権利の侵害が引き起こされてしまうような状況を考えるのです。私の本（『これからの「正義」の話をしよう』）や講義でもふれたように、このような道徳的ジレンマは、数多く存在しています。こうして、功利主義的な考え方を浮かび上がらせる例を提示するわけです。

一方、試したい哲学的な考えが、リバタリアニズムないし自由についての市場経済主義のような考え方であったとしましょう。その場合、たとえば二人の間で自由意志による契約の合意が成立したが、その合意が道徳的問題を抱えているような事例が道徳的ジレンマとなります。そうして、〝個人的な同意（consent）が道徳的に唯一重要なものかどうか〟を試すことができるわけです。

たとえば、売春や臓器売買についての同意、〝臓器売買の市場が存在すべきか〟というような問題ですね。このような自由意志に基づく同意に関して最も極端なものとしては、私の本では、合意の上で人肉を食べるという、ドイツで数年前に起こった残酷な事例(2)が出てきます。

この例は残酷である一方、ユーモラスな一面も持ち合わせているのです。極端な例ですが、〝大人の同意に基づく合意のすべてが道徳的に擁護可能かどうか〟を問うているわけです。どのような道徳的ジレンマを提示するかの選択は、どの哲学的原則を試したいかによるわけですね。

道徳的ジレンマのなかでは、新聞やテレビで扱われた様々な問題からも事例として取り上げていますね。

‡

ええ、この三〇年の間で、新聞記事、法律の事件、ラジオ・テレビや旅行中に見聞きした話など、多くのものから事例を集めてきました。功利主義、リバタリアニズム、カント的リベラリズム、コミュニタリアニズムなどを試すための特定のタイプの話を探しているのです。

私はいつも新しい問題や新しい事例に気を配っています。新聞を読んだり、ニュースを見る時は、いつもそのことを考えていて、面白い問題を提起する新しいジレンマがないか、注意しています。長年の講義の間には、

(2) 二〇〇一年、ドイツのローテンブルクという村で、ある男が「自分に殺されて食べられたい人間」を募集したところ、一人の男性がそれに同意し、実際に殺され食べられた事件。食人を犯した男は終身刑を宣告されたが、工場的畜産は残酷だという理由から獄中でベジタリアンになったという。これは、〝同意した成人間の食人についても、自己所有権を尊重するリバタリアニズムの原理では正しいとされる(かどうか)〟というジレンマである。詳しくは、『これからの「正義」の話をしよう』(九八―九九ページ、早川書房、二〇一〇年)参照。

時々ジレンマも新しくしなければなりません。学生の興味を持つ分野が――特に大衆文化については――変化するからです。ですから、ニュースだけではなく、大衆文化にも遅れずについて行かなければならないと感じています。

その意味で、日本で講義を行った時はとても幸運でした。そこでは、イチローの給料が公正かどうかについて話しましたが、[3]私はもともと大の野球ファンなので、イチローの例を思いつくのは非常に簡単でした。野球は事例の宝庫です。とはいえ、それ以外にも広く一般に大衆文化に精通しておかなければなりません。私は学生たちが認識している例を知っているのです。

あなたは、それらの道徳的ジレンマをファイルしているのですか。

‡

そう、確かにファイルに保存しているのですよ。「これは使える」と思いながら集めています。長年、集めてきているわけですが、常に新しいものを探し続けています。今日の学生は、自分たちが知っている新聞の見出しからの新鮮なもの［事例］を求めていますからね。そうしないと、例に

（3）二〇一〇年八月二五日の東京大学・安田講堂で行われた講義において出されたジレンマ。「イチローはオバマ大統領の四二倍の年収を稼いでいるが、それに値するかどうか」という問いに対して、功利主義、リバタリアニズム、コミュニタリアニズムなど様々な立場からの意見が述べられた。詳しくは、『講義録　上』（二二九―二五三ページ参照。

新味がなくなり、面白くなくなってしまいます。ですから、哲学的な考えをうまく説明することができるような道徳的ジレンマの新たな事例を集めてファイルすることは、長年教えるうえでとても大きな部分を占めています。

若者文化を開拓して実例とするために漫画や映画なども使うのですか。 ††

主には映画でしょうか。映画とスポーツは大衆文化の実例の宝庫です。新聞を読み、ニュースを見る時にも、たくさん実例はありますが、より面白いものは映画やスポーツにありますね。

実は、私自身［小林］もあなたの考えにならって、日本でさまざまな事例を見つけるようにしています。面白いことには、これをやってみると、世の中の見方が変わってきますね。リバタリアンの視点から見てみたり、コミュニタリアンの視点から見ることになります。これは、知的な面でも本当に興味深い試みだと思いました。 ‡

ええ。そうですか、あなたもそのようにし始めているのですね。ジレンマや新たな例を探しながら、ニュースを聞いたり、新聞を読んでいるのですね。私は飛行機のなかで新聞や雑誌を読んでいて、「おっ、これはいい事例だ」と思うと、その部分を破いて持ち帰っていますよ（笑）。

授業で学生たちに前向きに参加することを促して、意見を引き出す手法を教えていただけますか。

‡

そうですね、第一に学生の関心がある問題についての議論をすることです。そして、その問題が、彼ら自身の信条や信念といかなる関わりを持つのかを明確に示して提示することです。

第二に重要な点は、学生たちに考えさせ、関わらせるようなかたちで題材を示すことです。相互作用的（interactive）で、対話的（dialogical）で、弁証法的（dialectic）な講義の挑戦《チャレンジング》の一つは、講義する部分と、質問を投げかける部分の間の適切なバランスをとることです。すべての時間を質問することに費やしては講義はうまくいきません。「講義の」構造や形式といったものがなくなってしまうからです。学生たちは議論がどこに行きつくのかを知りたがっていますから、［講義に対して］きちんとした構造や形式を当然求めます。ですから、意見交換は興味深く、刺激的で興奮があり、時には楽しいのですが、一方では、ある一定の制限を持たせておく必要があります。それは、あくまでも議論を進展させることに寄与するものでなければなりません。そして学生たちも、意見交換がどのように議論を前進させていくのかを明確に見なければなりません。

対話型講義における一番の難しさは、〝どこで意見交換の要素を導入して、それによって何を目指すのか〟を決めることです。一つの規則《ルール》や原則は、〝意見交換からどのような議論を引き出したいのか。あるいは講義の次の部分で次の質問を展開させるために、その意見交換をどのように利用するか〟ということを教員自身がわかっていない限り、学生に質問を投げかけないことです。意見交換には目的が伴っていなければならず、講義のなかでその質問が目的に寄与しなければなりません。ただ単に意見を交換することや意見を共有することであってはならないのです。

講義中のあなたのユーモアも非常に魅力的ですね。対話型講義においてユーモアがもたらす利点について教えてください。

‡

教えるうえで、ユーモアは非常に重要な要素だと私は考えています。特に、時に重大で深く、また個人的な問題にも関わる哲学のような教科においては、なおさらです。非常に重大かつ深刻な問題を扱う場合、学生に自由な議論をさせるためには、［省察のために］その重大性とある程度の距離を置くためのユーモアの要素が必要となってくるのです。つまり、ある意味で哲学は、究極的に深刻な問題とある種の楽しさの間で行ったり来たりするのです。なぜなら、〝哲学をする〟ということの一部には、ある状況や原理、判断などについて考えることを楽しむ態度が必要とされるからです。

究極的には、問題は深く重大なものであり、時に個人的なものもあります。ですから、楽しみの要素と深刻な要素を混ぜ合わせることが、哲学という主題やそれを教えるうえで重要となってくるのです。

‡

講義中に過度に積極的に発言したがる学生にはどのように対処するのか、教えてもらえますか。

教え始めたばかりの教師やティーチング・アシスタント［フェロー］が

セミナー［セクション］で抱える最も大きな課題の一つは、彼らが良く口にするのは、以下のようなことです。彼らはこう言います。

「自分のセクションには、一人か二人、常によくしゃべる学生がいるので、他の学生が圧倒されてしまって発言をしないのです。どうすればいいでしょうか」

これは昔からよくあるジレンマですね。このような場合、私は二つの解決方法があると考えています。

よく発言している学生が、講義の題材を最も理解しているとは限りません。そういう場合もあるでしょうが、そうでない時もあります。もし彼らが講義の題材を十分に理解している優秀な生徒で、だからこそよく発言するのであれば、〝まずは他の学生に発言を促して、ある程度議論が進展するところまではその学生を指名しない〟という手法をとります。これで、比較的簡単に問題が解決できます。講義の内容を深く理解している生徒に当てるのを最後まで待っておいて、他の学生が発言した後、それらを整理して明確にするために指名してあげればいいわけです。そうすれば、その学生は自分が重要な役割を担っていることや、敬意を払われていること、最後まで指名されなかった理由に気付きます。時には、これを個人的に学生に伝えておいてもいいでしょう。こういったことについて、学生たちが理解を示してくれる場合もありますからね。常に挙手をして話そうとしている学生であれば、「君はいつも有益な発言をしてくれているのだけれども、まずは他の学生の意見を聞いてから、君の洞察力を活かしたい」と伝えてもいいでしょう。

次に、もしよく発言する生徒が、単に積極的なだけで洞察力が優れているとは言えない場合があります。この場合、挙手があっても、気が付かないようにして、それを流してしまうという方法があります。時にこれでうまく行くことがあります。そして、もし必要であれば、単純に「他の学生からも意見を聞いてみよう」と言い添えればよいのです。まだ何人かの学生は発言の機会をもらえていないからです。もしこれでも問題が解決しない場合には、個人的に「あなたの議論への熱意はありがたいのだけれども、全員に発言の機会があるようにしなければならない。だから、バランスをとらせてくれるかな」というように伝えてあげることが必要になりますね。

講義中、あなたは学生たちにリバタリアンのチームを作らせて、あなた自身も反コミュニタリアン的な立場を取りましたね。(4) あれも、何か意図があっ

(4) 第二部一七四—一七六ぺ

てのことだったのでしょうか。 ‡

ええ、あの場合は、さまざまな意見がすべて耳に入るようにするためです。少数派となることが予想される意見がある時は、何人かの学生を集めてその考えを擁護するために協力させることによって、学生のなかでは少数派であるその考えにある程度の強さを与えることを心がけています。学生がその考えを擁護することを尻込みしたり、怖がったりすることがないように。

なるほど。あの状況では、リバタリアンはどちらかというと少数派で、コミュニタリアンが大多数を占めることになる。だからあなたは、あえてリバタリアン側に発言の機会を与えたというわけですね。 ‡

その通りです。

講義のなかで、私が感心した場面があります。ある女子学生が、男子学生にマスターベーションに関する質問をした時、あなたは状況を手短かつ見事

ージ、『講義録　上』一〇七―一二二ページ参照。

に制御《コントロール》しました。(5) あの場面を見た多くの人が感心したと思います。あなたはその時、〝鋭い意見だが、個人的でなく、より一般的な質問にできるかな〟と言いましたね。

一般論として、このようなケースで対話を続ける時には、どのような手法を取るべきだと考えていらっしゃいますか。対話を制御するための適切な方法はどのようなものでしょうか。

‡

適切な方法ですか……そうですね、最も良いのは、やはり耳を傾けること、学生の発言をしっかり聴くことから始まるでしょうね。聴くというのは、彼らの言葉を聴くということだけでなく、考えや衝動、心配、質問など彼らの言葉の背後にあるものに耳を傾けるということです。質問や言葉の背後にある質問に耳を傾ける、教育者の聴き方(6) (pedagogical listening) のようなものです。その女子学生の事例では、すこし質問が個人的になり過ぎはしたものの、私は、彼女の質問は貴重なものであると感じました。ですから、ただ彼女に、より一般的な指摘をするように質問を作り換えることを促したかったのです。

しかし、すこし気まずいことや困惑するように見える瞬間でさえも、議

(5) 後出八七—八九ページ、第二部一六八—一七一ページ、『講義録 下』二一三—二一七ページ参照。

(6) ペダゴジー (pedagogy) とは、ギリシャ語 (paidos + ago「こどもを導く」の意) に由来する言葉で、一般に教育、教育学と訳される。ただし、現在の英語圏では教授学、教授法の意味で用いられることが多い。単に言葉を理解するために聴く

論を統御してそれを活かしていくためには、常に〝質問や字義的な言葉の裏にある質問〟に耳を傾けることが重要だと思いますね。

しかしながら、私たちの普段の対話では、発言が攻撃的すぎるといったことが原因で単なる口論に発展してしまうことがありますよね。こうした状況を避けるためには、どのようなことに留意すればいいのでしょうか。

そうですね、まず私の授業の目標のひとつは、礼節（civility）や他者への尊重といった習慣を育てることにもあります。お互いの話をよく聞くことなども含む、こうした礼節の習慣を育てる一番いい方法は、あまり規則《ルール》を定めないことです。教師のなかには、「あらかじめ規則を定めることが有用だ」と考える人もいます。しかし私は、教室で礼節さや他者の尊重といった習慣を育てるためには、規則を定めるよりも、例を示すことのほうが重要だと思います。規則がある程度助けになると考える教師もいるかもしれませんが、私の経験では、事前の規則よりも、議論を招くような異なる考えを持っている教師や学生の間で、互いを尊重した意見交換の例やモデルを示すことを通して、こうした習慣が身につくと感じています。

行為はリスニングだが、ペダゴジカル・リスニングといった場合、話主に言葉の背景や本質を気付かせるような教育的意図を伴った聴き方や態度を意味する。

必要な時には厳格に吟味しながらも、敬意をもって人の話を聴き、自分の意見を主張していく。このことを通じて、学生は他者への尊重の習慣を見習い、真似て、身につけていきます。学生のクラス内での態度を形づくる方法には、私は大きく二つあると考えています。一つは規則によるもの、もう一つが例やモデルによるものです。そして、私の経験では、後者の方がうまくいくと思うのです。

「ハーバード白熱教室」の中身に関して少し聞かせてください。『ザ・シンプソンズ』に登場するバーンズ氏(7)のモデルは、あなただという噂がありますね。 ††

私がモデルになった人物が『ザ・シンプソンズ』に出ているのかどうかわかりません。巷で言われていることですが、本当かどうかは私は知りません。これは噂で都市伝説のようなものですが、登場人物の一人で最も邪悪な人物が、私の癖やいくつかの手の動きを真似しているというのです。でも、『ザ・シンプソンズ』のバーンズ氏はとても邪悪で正義に反する(unjust)原子力発電所の所長で、彼の手の動きが私の真似をしているのは、

(7)『ザ・シンプソンズ』はアメリカ・FOXテレビが一九八九年から放映を続ける人気・長寿のアニメシリーズ。アメリカの一般的な中産階級をモデルに、そのライフスタイルを皮肉を含んだパロディにしている。バーンズ氏はシンプソン家の父ホーマーが勤める原子力発電所の社長で、環境汚染に無関心な守銭奴の極悪人を演じる。「エクセレント(素晴らしい)」という

ちゃかしやジョークだった」と言われていますね。『ザ・シンプソンズ』の多くの脚本家はハーバードの卒業生で、私の「正義」の講義を受けた人もいますから、それはあり得ることです。しかし、私は本当の答えを知りたいかどうか、自分でもよくわかりません。なぜなら、私は『ザ・シンプソンズ』は好きですが、バーンズ氏の大ファンではないからです（笑）。

皆が知っている路面電車の道徳的ジレンマについて、あなた自身の選択について聞かせてください。路面電車の運転手が猛スピードで進んでいてブレーキが故障している状況です。前方には五人の労働者がいて、そのまま行けば五人とも死んでしまいます。しかし、そこから避ける線路があり、そこには一人の労働者が働いている。あなたはハンドルを切りますか。

††

私は、彼らが誰なのか知っているのでしょうか。

いいえ。

††

彼らが誰かわからないとは、随分と醒めた質問ですね。彼らが誰だか知

のが口癖で、共和党員であり、ハーバード大学を毛嫌いしているという設定。

らなければ、私はハンドルを切るでしょう。

なぜですか。

五人の命を救うためです。でも、彼らが誰なのかもっと教えてくれれば、私は曲がるかもしれないし、曲がらないかもしれません。

では、彼らは、あなたの家族や友達以外だとしましょう。

それは影響があるかもしれません。

彼らはあなたの家族でも友達でもありません。

では、私は曲がります。

時間が来ました。ありがとうございました。

Ⅳ　ハーバード大学の講義とその学生たち

どのようにして、ハーバード大学はあなたの講義を公開することを決めたのでしょうか。アメリカで放送されるようになった経緯[1]を教えてください。‡

これは、ハーバード大学にとって、教室を公開してアクセスする可能性を開拓するという実験だったのです。伝統的には、大学の教室というのは閉鎖的で、大学内における学生と教員の私的な場所とみなされていました。しかし新しいテクノロジーの発展と、多くの大学が教育的資産を公共的資源として外部からも利用できるようにしようと試みたこともあり[2]、ハーバード大学もこの「正義」の講義を利用して、教室を公開してアクセスできるようにするという実験に踏み切ることにしたわけです。ですから、一学期すべての講義を録画することに決めました。公共的なテレビでの放送が可能なように、プロフェッショナルな方法で録画されました。［ボストン

(1) サンデル教授の講義「正義」は、二〇〇五年の講義を収録したもので、アメリカでは二〇〇九年に放映された。

(2) ハーバード大学の隣にあるMIT（マサチューセッツ工科大学）では、ハーバードがサンデル教授の授業を公開する数年前に全授業の無料公開に踏み切り、大きな成果を上げている。

の」公共放送も長い間この取り組みに関心を示してくれていました。ただ実際に可能となったのはつい最近のことです。

インターネット［での公開］も大きな発展といえるでしょうね。今ではそれほど新しいとは言えないのかもしれませんが、ハーバード大学ほどの伝統的な組織になると、新しいテクノロジーに適応するには多少の時間が必要となるわけです（笑）。それでも、〝丸々一コースをすべて公共放送に流し、インターネットによって全世界に無料で公開するという初めての試みとしてとてもいい機会になった〟とハーバード大学は感じたと思います。

あなたの側からは、大学側に何か働きかけを行ったのですか。 ‡

そうですね、実際は［私個人というよりも］集団的なイニシアチブ（joint initiative）によるものでしたよ。部分的には、WGBH(3)の公共放送の働きかけによるものでした。もちろん私も、［ハーバード大学のような］素晴らしい大学の教育的資産は無料で利用できる公共的資源になるべきだという考えをもっていました。それでこのプロジェクトに熱心に取り組むこととなったのです。ハーバード大学の側も、オンライン・テクノロジーが教育

（3）ボストン公共放送局。アメリカの非営利・公共放送サービス（PBS：Public Broadcasting Service）に加盟するネットワーク局の一つで、マサチューセッツ州ボストンに本拠を置く。ローウェル教育財団の出

的題材を共有し、配信する媒体になりえるかどうか、試してみたかったのだと思います。ですから、これは共同のイニシアチブによるものなのです。

あなた自身の公共哲学に関する考え方がこの講義の一般公開の趣旨と一致したとも言えませんか。

‡

そうです、まさにそうです。これは教育が果たすべき役割の一部だと思いますね。

ハーバード大学は他の講義も一般公開しましたか。

‡

今回の実験をもとにして、新たに他の講義を一般公開しようという意欲はあったと思います。ただ、この講義での実験の直後、金融危機の影響が直撃し、資金的な面で、他の講義については実施が難しくなったのだと思います。しかし、将来的には他の講義に関しても実現してほしいですね。

現時点では、あなたの講義がハーバード大学で最初で唯一の一般公開され

資により、ボストン市民に広く無償で教育を提供する目的で設立された。PBSの旗艦局として数多くの教養・ドキュメンタリー番組などを制作している。

た授業であるわけですね。アメリカでの視聴者の反応はどうだったのですか。‡

そうですね、それは熱烈なものでした。実は多くの人はインターネットのオンラインで見たのだと思います。公共テレビでは、放送時間に家にいて、テレビをつけている必要がありますからね。一方、ウェブではいつでも好きな時に視聴することができます。ですから、長期的に見れば、オンラインで見る人のほうが公共テレビよりも多くなるだろうと思っています。反響は、テレビとウェブでご覧になった方、双方からいただいていますよ。公共放送では、しばしば再放送をしています。

ほら、たとえば昨日もそう、駐車場にいた男が、「今ちょうど見ていたところでした」と言っていたでしょう。[4] あれは、たぶん再放送のことを言っていたのだろう、と思うのです。実のところ、私自身もいつ放映されているのかは把握していないのですが。どうやら半年ごとに再放送しているらしいですね。

テレビで放映されたのと、インターネットで配信されたのは同時だったのでしょうか。多くの場合、インターネットではテレビでの第一回の放映を待

（4）第二部一五〇ページ参照。

っての配信となりますが。

その通りです。インターネットでは最初の放送から数週間後に配信するという契約でした。ただ、しばしばもうすこし間隔があったように記憶しています。しかし、私たちは可能な限り早くオンラインで視聴可能になるように努力しました。WGBHも放送後すぐにオンラインにするということで合意してくれました。というのも、一つには、放送時に、より深い議論や参考文献に興味を持った場合はウェブサイトを見ることを促していましたからね。ですから、放送された直後に、ウェブサイトが準備されることとなったわけです。

いま日本では、あなたの講義の影響を受け、高校の教師が同様の対話型講義の手法を取り入れようとしています。アメリカにおいては、そのような現象はみられますか。

そうですね、アメリカ国内での反応に関して、私はすべてをわかっているわけではないのです。ただ聞いたところによると、いくつかの高校では、真の熟議（deliberation）を軸としたこうした公民的教育（civic education）を行うという動きが見られるようです。しかし、これはとても難しいことだとも思います。高校が持っている資源《リソース》と、こうした講義を可能にする教師ないし組織の質に左右されるからです。各高校が持っている資源《リソース》や教員の質は大きく異なりますからね。しかし、昨年［二〇〇九年］、私はいくつかの素晴らしい高校を訪ね、そこではオンラインで［私の］講義を見ることができて、熟議の要素をうまく彼らの教育に取り込もうとしていて、その試みには深い感銘を受けました。ご想像のように、これはあくまでも多くの資源《リソース》と優秀な教員・組織を有する高校においてのみ可能なことでしょう。ですから、こうした動きがどれぐらい広がっているのかについては、私はあまり確かには知りません。

大学のレベルでは反応はどうでしょうか。

‡

そうですね、この講義の公開に踏み切った狙い通りに、さまざまな大学でこの手法を教育に組み込んでいるという便りや話をいただきました。アメリカ国内や世界の大学が利用したいように利用できるようにしたいという願いが私たちにはあったのです。すべての講義を使ったうえで独自の試験や議論を組み立てるのであれ、いくつかの講義を抜粋して使うのであれ、それは彼らの自由です。ただいずれにせよ、多くの人がこの講義を取り上げて利用しているようですね。

この講義は、ハーバード全学の生徒が履修可能な一般教養科目でしたね。どの学年の生徒を対象にしているのですか。

‡

この「正義」の授業は、一年生から四年生までの学生すべてが混合しています。各々の勉強を進めていく上で、どのタイミングで履修してもいいのです。ですから、履修者はすべて学部生ですが、四学年のすべてから学生が集まってきます。四学年から均等に人が集まっていますね。

一年目に履修する生徒にとっては、大学の授業の導入として素晴らしい科目だと感じてくれる場合もあるようです。「大学の授業とは、こんなものなのか」と。

また、三年目や四年目に履修する学生は、「この講義を後になって履修したことで、より多くのことを得ることができた」と感じることがあるようです。彼らはそれまでにすでに他の科目を学んでいますから、この講義によってそれまでに学んだ科目を一歩引いた観点から考え直すことができ、それらの科目を見つめるための［新たな］観点を得ることができるようになるわけです。

ですから、大学に入ってすぐに履修しても、後で履修してもどちらでも役に立つことがあると思っています。学生たちは、彼らの学習生活のなかで、各々別のタイミングでこの講義の価値を見出しているようです。

これらの学生はみな全く異なるバックグラウンド［学問的予備知識］を有しているわけですよね。たとえば、政治哲学専攻の場合もあれば、文学専攻、あるいは自然科学専攻の場合もあるわけですよね。

そのとおりです。学生たちは、全く異なったバックグラウンドからやってきます。科学、数学、人文科学、美術など。特定のパターンはありませんね。

この講義はハーバード大学ではいつからこれほどの人気になったのでしょ

うか。三〇年前に始めた時ほどこれほど盛況だったのですか。それとも、評判が広まるにつれて徐々に生徒が増えていったのでしょうか。 ‡

そうですね、一年目は一〇〇人くらいが出席していました。二年目にはたぶん三五〇人くらいだったでしょうか。三年目になると、そうですね、四〇〇人か五〇〇人くらいにはなったでしょう。それからは八〇〇人—一〇〇〇人ほどで安定していますね。年にもよりますが[5]。

本当ですか。かなり早くから人気講義になったのですね。 ‡

まあ、二、三年を経てからです。人数が増えるにつれ、徐々に大きな教室に移って行きました。三年目か、四年目の後だったでしょうか、現在のサンダース・シアター[6]に講義の場を移したのは。

あなたは、大学院でも政治哲学に関する授業を持っているのですか。それはどのような内容なのでしょうか。 ‡

(5) 二〇一〇年度の受講者の小林亮介氏によると、人数は一〇〇〇人に限定されているらしく、当初一二〇〇人くらい詰めかけて、入れなかった一〇〇人くらいは、教室の近くのバーで聴講していたという。(『SAPIO』二〇一一年三月三〇日号八〇—八一ページ参照)

(6) オックスフォード大学のシェルドニアン大講堂にならってハーバード大学に建築されたメモリアルホールの中にある劇場。収容定員一一六六名。荘厳なデザインと高い音響性で有名。サンデル教授の他、人気教授による大人数の講義やボストン交響楽団などのコンサートも催される。

大学院では、「倫理、経済と法」というゼミを担当しています。それがまず一つ。また、「バイオテクノロジーの倫理」というテーマでゼミを担当したこともあります。他にも、大学院の新入生を対象にした政治理論の授業を教えたこともありますよ。大学院生を対象にして、最近行った授業のなかには、このようなものがありますね。

学部レベルでは、「正義」が唯一の講義なのでしょうか。

‡

それ以外にもう一つあります。何年か前に現代政治思想史を教えたことがあります。マキャヴェリ[7]からホッブズ[8]、ロック[9]、ルソー[10]、カント、ヘーゲル[11]、マルクス[12]、そしてジョン・スチュワート・ミルまでをカバーしました。もう何年も開講していませんが、それまでは時折教えてきました。

もっと最近では、経済学者の同僚と一緒に「グローバル化とその批判者」という名の学部講義を担当して、グローバル化に関する討論を行いましたね。その他にも、「バイオテクノロジーの倫理」とする学部講義を行って、幹細胞の研究を行っている遺伝学者の同僚と新しいバイオ技術の倫理的側面について議論を行いました。

(7) 一四六九―一五二七年。イタリアの思想家・文筆家で、フィレンツェ共和国の外交官。政治を宗教・道徳から切り離し、キリスト教的倫理から解放した近代的政治論を創始した。徹底したリアリズムから思想を構築し、著書『君主論』では政治力学上の軍事力の重要性を説いた。「目的は手段を正当化する」としたマキャヴェリズムは『君主論』から派生した語だが、現代では彼の思想全体を権謀術数主義とみなす解釈は充分ではないという見方が強まっている。

(8) 一五八八―一六七九。イギリスの哲学者。自然状態において人間同士は闘争を永遠に続けると規定し（万人の万人に対する闘争）、そうした事態を解決するため人々は社会契約に基づいて「国家」という人工物を作ったと説いた。この自然権と

講義の思い出について聞かせてください。最も面白かった瞬間、あるいは戸惑ったこと、恥ずかしかったこと、印象に残っている議論などについて。††

二、三のことが思い浮かびますね。

講義の初日には、いつも特別なドラマと興奮《エキサイトメント》があります。私は、今では誰もが聞いたことがあり、論じている「男を橋から路面電車の線路の下に突き落とすかどうか」という路面電車の問題で始めました。学生がその問題と格闘し、「なぜ彼らは五人の命を助けるために路面電車の進路を変えて一人を殺すにもかかわらず、その男を突き落とせば五人の命が助かるのになぜ線路に突き落とさないのか」を説明しようとしていたのを覚えています。学生たちが、「あるケースでは数が問題なのに、なぜ一見似たようなケースでは異なるのか」を説明しようとして、そのジレンマと格闘するのを見ていたことを覚えています。多くのユーモアがありましたが、難しい道徳的思考も数多くあります。この道徳的ジレンマは、私が学生に出したまさに最初の例でしたから、学生がその問題と困惑に取り組む様子は、私の記憶のなかで際立っていますね。

社会契約説に基づいたホッブズの国家観によって近代政治論・国家論が基礎づけられた。主著『リヴァイアサン』。

(9) 一六三二—一七〇四年。イギリスの哲学者・医師。イギリス経験論の祖とされ、その思想はアメリカの独立宣言、フランスの人権宣言に大きく影響を与えた。また政治学や法学においては自然権論、社会契約の形成に、経済学の分野では古典派経済学の形成に寄与し、近代思想の主柱の一つとなっている。主著は『統治二論』『人間悟性論』。

(10) 一七一二—一七七八年。スイス生まれの哲学者・啓蒙思想家。社会契約に基づく主権のありかを規定し、「人民主権」の概念を打ち立てた。その思想的影響は多岐にわたるが、とり分配的正義の問題と道徳的なふさわしさ［道徳的適価］についての議論をしていた時[13]のことも覚えています。〝誰が高給をもらうのに値するのか。誰がハーバード大学への入学に値するのか〟という問題です。そこでは努力という考え方が出てきました。多くの学生は、「自分は高校で一生懸命勉強し、テストで高い成績を治めたのだから、入学に値する」と言います。そこで、私たちはジョン・ロールズの平等主義的な議論を考えます。「努力さえも、私たちが自分の功績とは主張できない。それは幸運な家族の状況によるのかもしれない」というものです。学生たちがこの考えに挑戦された時のことをよく覚えていますね。彼らの多くはこの考えに抵抗しました。なぜなら、［この考えは］〝学生たちが注ぎ込んだ努力さえも、道徳的なふさわしさの根拠にならず、それは彼らの道徳的な美徳を測るものではない〟ということを示しているからです。この時、彼らはとても不安にさせられました。道徳哲学、政治哲学では、不安な瞬間が、学び、考えるうえで重要な瞬間なのです。

　そして、私は彼らに第一子についての質問もしました。ある心理学者の「家族で最初に生まれた子供は一生懸命頑張って働く傾向があり、最も高い勤労意欲を持っている」という報告に関連した質問です。クラス内に第

わけ政治思想の面で近代の民主主義の進展に果たした役割は大きく評価される。代表的な著作に『社会契約論』『エミール』などがあり、『告白』はロマン主義文学の先駆けともいわれる。

(11) 一七七〇―一八三一年。ドイツの哲学者。ドイツ観念論を代表する思想家で、弁証法を用いた優れた論理性から後世の思想研究に大きな影響を及ぼした。ヘーゲル以前を近代哲学、以後を現代哲学として、哲学史上の分水嶺に位置づけられることも多い。一つの思想体系を提示したことから著述は多岐にわたり、『精神現象学』『大論理学』などが代表著書にあげられる。

(12) 一八一八―一八八三年。ドイツの経済学者・哲学者。同志エンゲルスとともに革命思想

一子の人は何人いるかを尋ねたのですが、八〇パーセントの人が手を挙げました。それを見た学生たちが、驚き、息を飲む音が聞こえてきそうでした。多くの学生にとって、「現時点まで彼らが成功して達成したことを可能にしたすべてに、自分が本当に道徳的に値するのか。それはすべて自分自身のものと思っていたけれども本当にそうなのか」と疑問に思い始めた瞬間だと思います。それは、私にとって講義におけるとても印象的なもう一つの瞬間でしたね。

もう一つあげましょう。それは同性結婚の議論の時(14)のことです。学生の間で、性行為と性における道徳性についてのかなり率直なやり取りと質問がありました。多少気まずいところもありましたが、ユーモラスな瞬間でもあり、議論にも貢献していました。おそらく学生たちはその討論や議論、それが提起した広範な問題――つまり、〝結婚の目的、同性愛者の権利の問題に道徳的に中立であることは可能か、同性愛における善き生や道徳的地位などについての議論に立ち入らなければならないのか〟といったこと――を覚えていることでしょう。学生は、ある程度はやり取りのなかにどこか面白く、どこか気まずい瞬間があったからこそ、それらの問題を記憶しているのだと思います。

としての科学的社会主義を打ちたて、資本主義の高度な発展の帰結として共産主義社会到来の必然性を提唱した。マルクス主義と呼ばれる革新的な理論は、共産主義・労働運動における中核的な思想となる。主著に『資本論』『経済学批判』などがあり、ヘーゲルの弁証法の影響を受けた「唯物史観」は歴史認識にも大きな影響を与えた。

(13) 第二部一七三―一七四ページ、『講義録　下』五一―六三ページ参照。

(14) 前出六九―七一ページ、第二部一六八―一七一ページ参照。ここは、サンデル教授の記憶で説明しているので、正確な内容は、『講義録　下』二一三―二一七ページ参照。

私の記憶のなかで際立っている瞬間のいくつかは、こういったことですね。

誰が実際に何と言ったのですか。††

〝セックスの目的は生殖である〟という理由で、同性結婚に反論した学生がいました。彼は、〝同性結婚は生物学的には助力なしには生殖することができないため、結婚は一人の男性と一人の女性に制限されるべきだ〟と主張したのです。彼に反論した学生は若い女性でしたが、立ち上がって彼に直接質問したのです。どう言ったらいいのか（笑）、彼女は〝マスターベーションはどうなのか〟と聞いたのです。彼女は、とても個人的な質問として、〝それは生殖につながらないから不道徳なのか〟と彼に尋ねたのです。誰もが笑いました。その質問自体は構いませんでしたが、ただ私は彼女にその若い男子学生に答えるように求めてほしくありませんでした。なぜならそれは礼節（civility）のある言論の限界を超えてしまうからです。しかし、彼女の考え自体は、非常に正当な論点であり、彼も答えたがっていました。彼は〝いや、僕は答えます〟と言い、〝これは結婚の問題ではない〟と答えました。そして誰かが、〝誰も人が自分自身と結婚できるべきだと議論していないのではないか〟と尋ねました。

これは、少々やっかいなやり取りでしたが、とても面白かったとも思います。「道徳的に論じること、道理に基づいた議論を得ることは、性における道徳性のような激しい論争の的になっている問題においても可能かどうか」について私たちが論じたということを学生たちが覚えておくうえでも役立ったのではないでしょうか。

学生たちはとても優秀でした。彼らはいつもその事例に応じて立ち上がりますし、積極的に参加します。なぜなら、彼らは題材や問題に引き込まれているからです。それらの問題に、彼らは挑発され、挑戦を受けているのです。そして、自分が信じていることについて、またなぜそう信じるのかについて、これらの哲学の大きな問題について、じっくりと考えたいのです。

そして、学生たちはそれがある意味では危険であることも感じています。それは彼ら自身を巻き込んでいくものだからです。私たちが何世紀も前に書かれた哲学者や思想家の本を読んでいる時、それは多くの意味で、自己探求の旅となります。そして学生は、それらの思想に関心を寄せるようになります。彼らの信条・信念は、こういった古代に遡る有名な哲学者が書いたことと確かに関わっていることに気付くのです。彼らはそのことに引き付けられているのです。

ハーバード大学の学生は、いつも優秀です。道徳・政治哲学などは個人的な要素を持っており、ある意味では、非常に魅惑的な活動です。なぜなら自分で考えることを学んでいるからです。それは、「善き生をどうやって生きるか」にとって重要な論点、根本的な問題について考えることなのです。

先ほどの例のように、あなたの授業では何人かのとても目立った学生が印象的です。彼らはハーバード大学では普通なのですか。 ††

彼らはまさにハーバード大学の学生の典型です。ハーバード大学には六四〇〇人の学部生がいますが、そのなかで約一〇〇〇人が「正義」の講義をとっています。ですから、これは学生のかなりの部分を代表しているわけですね。どんな意味においても、彼らが特別だとは言いません。一般的に言って、大学の学生全体が代表されて反映していると思います。

ハーバード大学の学生の優秀さについて教えてください。アメリカの他の大学の学生と比べてどうなのでしょうか。††

知的能力について言えば、ハーバード大学の学生は非常に優秀です。しかし、それは彼らがアメリカのトップ五〇から一〇〇の大学の学生と同じぐらい有能で知的であるという意味においてです。ハーバードの学生が異なるとすれば、それは彼らが他の大学の学生よりも知的であるということではなく、彼らのほとんどは途方もないやる気と野心を持っているということなのです。彼らは驚くほど幅広い活動に従事しており、ある特定の分野に秀でている人たちがいます。

ですから、一般的な知的レベルにおいて、彼らはとても優秀ですが、それは多くの優秀な大学の学生と同じです。それ以上に、彼らは特別な気力と決意を持っています。それは、進んで自信を持って立ち上がり、自分の見解をはっきり述べるというところにも見てとれると思います。

ハーバード大学の学生の入学を決める委員会では、必ずしもすべての場合において最も高い成績やテストの高得点を求めているのではないと言っています。高校で高い成績やテストの点をとる学生はたくさんいるからです。委員会は〝自分の［得意な］分野でリーダーになり、世界を変えることのできる人材を探しているのだ〟と言っています。私たちがいい仕事をすれば、少なくとも学生の何人かが世界をより良いものに変えるための手助けをすることになるだろう、と私は願っています。

あなたの講義を受けたことがハーバード卒業後の人生での大きな糧になったというような学生について、具体的な例を聞かせてもらえますか。††

この授業を受けてから何年も経った学生に遭遇すると、その多くが、「この授業は［自分が］変容する経験だった。そして自分の生き方を方向づけた」と言ってくれます。［実際に］彼らのキャリアの選択に影響したケースもあります。これは教師なら誰でも、とても嬉しいことです。しかし、特定のケースを挙げるとなると、すこし難しいですね。なぜなら、学生たちは、それぞれが全く異なるキャリアのなかで、省察する生活（reflective life）を送ろうとしているからです。［例えば］公職に就くことは、明らかに共通善に貢献する一つの方法ですが、それが唯一の方法というわ

［インタビュー中のサンデル教授］

けではありません。

また、時には授業を受けてから何年か経ってからでも、私の授業を覚えていてくれて、「その時の経験が自分自身の生活と目的と道徳的信念について本当に省察を始めた瞬間だった」というように記憶している学生に遭遇することがあります。その時は、いつでも私はとても感謝の念を感じて、身の引き締まる思いがします。

卒業後も交流をつづけている人はいますか。

何人かの学生とはその後の交流がありますが、多くの学生とはありません。でも、彼らが卒業後どこに行ったのかわからなくても、二〇年後に現れるかもしれませんね。

「正義」の講義に登場し、何度も発言した学生のなかに、マーカスという学生がいます。彼が授業を取ったのは、一年生の時でした。最近になって彼から連絡がありました。彼はジャズ・ミュージシャンで作曲家です。数学を専攻し、サックスを演奏しています。彼はまたニューヨークのハーレムの若い高校生に対して仕事をしています。その高校生たちは恵まれない家庭の出身ですが、みな素晴らしい見込みのある生徒たちです。マーカスは、大学を目指して志願するということがどういうことかを理解させるために、彼らを実際に大学に連れて行く旅のプログラムに取り組んでいます。そして、マーカスは彼らと一緒に大学へ訪問することを頼み込んできて、ケンブリッジ(15)にその高校生たちを連れてきたのです。

マーカスがその学生グループと一緒にやってきた時、私は彼らにある話をしました。私が春に上海の復旦大学で行った講義中に起こった、本当の話です。中国人の学生たちはあの講義をインターネットで見ており、彼らは路面電車のケースも救命ボートの事例も、すべて知っていました。私たちは救命ボートの事例について議論し、彼らはカント的な答えも、功利主義的な答えもよく知っていました。復旦の学生の一人は功利主義者で、彼は「救命ボートの事例の」〝なぜ給仕の少年を殺して食べることに道徳的な問題がないと考えるのか〟を説明をしていました。彼に理由を尋ねると、彼は、「そうですね。そのような状況では、しなければならないことをしなければなりません（"In a situation like that, you've got to do what you're got to do."）」と言ったのです。このアメリカの話し言葉は、まさにクラスでのマーカスのセリフ(16)でした。復旦の学生は皆、このセリフを聞いて笑いま

（15）ハーバード大学の所在地である米マサチューセッツ州ケンブリッジのこと。

（16）『講義録　上』三三ページ参照。

した。彼らは、この言葉の由来を知っていたからです。それで、マーカスがハーレム出身の高校生とやって来た時、私はこの話をして、「さあわかっただろう。マーカスは正義について上海で引用されているのだ」と言ったのです。この話でマーカスがハーバード大学の教育で何を成し遂げたのかを彼らは感じ取ったようで、感心していました。また、これは彼らを触発し、大学を志願し、もしかしてハーバードに来る手助けになったかもしれないと思うのです。

あなたがこの授業を始めてから三〇年がたちますが、正義や正しい行いについての学生の答えは変化しましたか。それとも同じですか。

〝結局、いつも同じ〟ということはありません。長期にわたると、学生の意見の変化に気付くのは難しいものです。変化は徐々に起こり、ゆっくりすぎて気付かないぐらいだからです。しかし、道徳的な見解や道徳的な直感に、三〇年の間に徐々に変化があったとすれば、それは、個人主義的な契約主義や、自由に関する市場主義的な考えをより重視する方向や、また〝自分自身の行いのおかげで、自分はハーバード大学に入り、成功してい

(17) 一九一一―二〇〇四年。第四〇代アメリカ大統領。俳優から政治家に転身、カリフォルニア州知事を経て共和党候補として出馬した八〇年の大統領選に勝利し、二期八年の在職中には米ソ冷戦の平和的終結に貢献した。政策的には保守の立場から自由主義を推進、日英など同盟国の保守派指導者との緊密な関係を築いた。

(18) 一九二五年―。イギリス

るのだ〞という実力主義的な考えの方向に変化していると言えるでしょう。個人主義的、市場主義的および実力主義的な考えが、三〇年前よりも学生の間で若干より大きな力と存在感を得ていると思います。一般的な世論の動向も同じように変化しているので、これは理解できることです。

八〇年代初めに、ロナルド・レーガン(17)とマーガレット・サッチャー(18)は、ある種の自由市場主義的で保守主義的な政治的見解を公共的生活のなかに持ち込みました。こういった考えは私が一九八〇年に教え始めた時には勢いはありませんでしたが、一世代かけてある種の勢いを獲得してきました。一般的にハーバード大学の学生が自由市場主義の、レッセフェール(19)［自由放任主義］的リバタリアンだと言うつもりはありません。大半の学生は違います。ハーバード大学はアメリカ全体よりもリベラルだという評判があります。それは現在でも明らかに本当だと思います。にもかかわらず、市場志向の考えや個人主義的な考えは、私が教え始めた頃よりも、おそらくすこし強まり、より目立ち、より有力になっていると思います。

の政治家で、女性として初の保守党党首となった。七九年から九〇年まで首相に就任。市場原理と起業家精神を重視、「小さな政府」実現を目指した政治姿勢は新自由主義・新保守主義と呼ばれ、ハイエクやフリードマンの経済理論の影響が強いとされる。現在は貴族院議員を務める。保守的で強硬な性格から、「鉄の女」との異名でも呼ばれる。

(19) フランス語で「なすに任せよ」の意を表す。はじめフランスの重農主義者が重商主義に反対するスローガンとして用いた。古典派経済学の祖アダム・スミスが主著『諸国民の富（国富論）』で体系化し、〝自由競争によって見えざる手が働き、最大の繁栄がもたらされる〞とした主張に基づく考えで、自由主義思想の一つ。

V　東京大学での特別講義

［講義前］

日本での講義(1)についての期待と不安を聞かせてください。

†

日本の人たちへの講義をとても楽しみにしています。実際とてもワクワク《エキサイト》していますね。ただ、ひとつだけ心配なことがあります。私の日本人の知り合いが、こんなことを言っていたのです。

「日本人は討論になると、あまり積極的に参加しないのでないか」と。

今回私が日本で行いたいのは、単に正義について話すだけではなく、私と安田講堂に来てくれた日本の人たち、そしてテレビの視聴者や読者との対話です。実際のところ、私はその日本の友人の言ったことを信じてはいません。日本の人たちは、議論に活発に参加し、私と一緒に正義についての難題を積極的に探究してくれると思いますよ。

(1) サンデル教授は、二〇一〇年八月下旬に来日、八月二五日に東京大学・安田講堂で「白熱教室in JAPAN」と銘打った講義を行った。また、この講義とは別に、八月二七日には東京・六本木のアカデミーヒルズでも講義を行った。

もし、友人の言っていたことが正しくて、会場に来た人たちが大人しくて静かだったら、どうしますか。†

その時は、まずは私から会場の人たちに問題を投げかけます。そして、日本の人たちが強い関心や意見を持っている話題や例、具体的な論点、道徳的・政治的な論争を問いかけます。私は、対話を始めるための最良の方法は質問から始めることだと考えています。人々が強い信念を持っていて、時には意見の不一致が見られるような道徳的・政治的な論争について問いかけることが対話のスタート地点です。ですから、私は少なくともそのように試みます。私は、講義が成功すると思っていますよ。成功すると信じています。会場に来てくれる日本の人たちや視聴者は、今回の対話のためにしっかりと準備をして、参加することを切望してくれている、と確信を持っています。

［講義終了後］

講義は、計画どおりにうまくいきましたか。††

期待や想像をはるかに上回るものでした。［日本の］学生や一般の人たちがとても優秀で、賢く、有能で、思慮深いことは知っていましたが、一〇〇〇人以上との公開の議論で彼らが活発に参加するかどうかはわかりませんでした。しかし、彼らは参加しました。そして参加の質は、驚くほど高く、深く考えられたレベルでした。彼らは私の話を聴くだけではありませんでした。単によく準備していただけでもありません、お互いに聴き合い、私たちの時代における最も微妙《デリケート》ないくつかの問題、最近の道徳的議論に実際に参加したのです。ですから、私の期待以上のものでした。

講義を楽しみましたか、それとも緊張しましたか。誰がどのような意見を言うのかがわからない中、あなたは最終的にはすべての発言をまとめ上げました。どのようにしたら、そのようなことができるのでしょうか。 ††

緊張とは言いませんが、［講義には］サスペンスと自然発生的で予測不能な要素があります。それは私にとって——そして願わくば聴衆にとっても——興奮《エキサイトメント》と経験の強烈さを高めるものです。なぜなら、私には話し合おうと思っている主要な主題やトピックス、問題の大まかなアイデアは

［東大講義でのサンデル教授］

ありますが、準備された原稿はありませんから。

　講義の成功は、参加の質によって決まります。誰が、何をいつ発言するのか完全に予測するのはまったく不可能です。私が明らかにしたかった道徳原理や哲学の考えの一つに直接つながるコメントもあるかもしれません。私が考えていた原理を、あまり直接的には示さないコメントもあるかもしれません。しかし、最終的に議論がうまくいけば、人々がお互いに聴き合い、他の聴衆や私や哲学者によって提示された議論に取り組もうとすれば、全体として良い方向に進むのです。すると最後には、私の仕事は、会話の糸を一緒に織り上げ、私たちが一緒に学んだことについて述べようとすることになります。

一時間の予定が一時間半になった理由は。

　予想よりも講義が長くなった大きな理由は、本当に多くの人が参加したがっていたからです。一度議論が軌道に乗ったら、あまり唐突に終わらせたくはありません。なぜなら、参加者はよく聴いていて、議論を発展させていたからです。議論には流れや展開がありました。ですから、私はどこに議論が向かうのかを見てみたかったのです。大学の教室で教えている時の課題の一つは、授業時間が終わると、他のクラスが入って来て、学生は出て行こうとすることです。ですから、どの議論の線を追うべきか、いつ方向を変えるべきか、ちょうど決めて、判断しようとする瞬間にも、一方の目は時計から片時も離すことはできないのです。時間通りに終わらせなければならないことを知っている時には、教室での時間のプレッシャーは、さらに大きなものになります。

一方、東京大学での講義を行った時は、議論が発展していくままにして、あまり早く切り上げなくてもいいという余裕がありました。特に、過去の過ちに対する謝罪の問題(2)について進んでいた、まさに心からの討論を遮りたくありませんでした。議論があのように完全に展開する前に、終わらせてしまったら悲劇だった、と思います。

同じ質問をした場合、日本の人たちとハーバードの学生の意見で違いはありましたか。

††

ほとんどの部分について、東京大学の聴衆と、私がハーバードで教えて

(2)〝一九三〇年代や第二次大戦中に日本人が犯した過ちに対して現代の日本人が謝罪すべきかどうか〟および〝オバマ大統領は第二次大戦中のアメリカの原爆投下を謝罪すべきかどうか〟(『講義録　下』二五五―二七三ページ参照)

いる学生の間には、意見や論法、原理において、大きな違いはありませんでした。

ただ、一つだけ、私が気付いたある例がありました。もしかすると、これが違いだったかもしれません。私たちが家族に対する忠誠心について議論していた時のことです。殺人罪で訴えられている過ちを犯した弟についての仮設的な事例(3)がありました。〝自分の弟を通報するか。過ちを犯していても弟を守るか〟という質問です。この問題ではどちらの立場の人もいて、みなうまく論じていました。兄弟との連帯や家族の忠誠心を主張する人もいれば〝正しい行いは弟が裁きを受けるよう通報することだ〟と論じる人もいました。

しかし、私は誰かがもう一つの考え方を説明してくれるだろうと期待していたのです。普遍的原理の立場から、弟を通報するというものです。つまり、誰かが間違ったことをしたら、それが誰であるかにかかわらず突き出されるべきだというものです。「弟は通報されるべきだ」と言う多くの人は、「弟自身のためになるように。弟の更生のために。弟がその経験から学ぶために」といった理由から通報すると言うのです。通報する時でさえ、「弟や家族にとって善いことだから」といった議論をすることが多く、

(3)〝君は東京大学の有名な教授だとする。そして君の弟は暴力団の一員で殺人罪で訴えられている。君は自分の弟がどこに隠れているか心当たりがある。そこに、捜査当局がやってくる。君は彼らに弟の居場所を教えるかね?〟(『講義録　下』二四六—二五五ページ参照)

普遍的原理、つまり〝自分との関係にはかかわらず間違った行いをした人は誰でも裁きを受けさせる〟という定言的義務の立場からではありませんでした。

それが、〝見解や観点や、人々が提起する理由の源における違いかもしれない〟と思ったやり取りの一つでした。それ以外は、私がハーバード大学や西洋の聴衆で馴染みがある意見や原理、議論との根本的な違いにはまったく気付きませんでした。

では、両者の違いはどこにあるのでしょうか。

「東洋思想の伝統では、家族の忠誠心や責務、コミュニティを西洋のリベラルな個人主義的な思想よりも重要視する」と言う人もいるでしょう。それは道徳的・政治的思想、哲学的伝統の西洋と東洋の標準的な対比です。ですから、もちろん、私は、〝この違いがここ東京での学生の答えに現れるだろうか〟と考えていました。しかし、この想定していた違いについて、とても目立った例証は何もなかったと言わざるをえません。彼らは皆、私の本を読んでおり、西洋の哲学者の立場や私が話してきた伝統的な道徳的論法から判断する必要を感じたからかもしれません。私たちが講義で議論し、私が本で論じた正義論[4]の一つに、アリストテレスの流れをくむ、三つ目の美徳に基づいた倫理、共通善の倫理があります。三つのうちのこの倫理は、儒教の倫理[5]［孔子の教え］や東洋の伝統や思想とある種の親和性、つながりがあります。

ですから、西洋式思考と東洋式思考の想定していた大きな違いは、少々誇張されたものだったのかもしれません。少なくとも、この聴衆から判断すると、どちらの伝統に由来する考えにも彼らは十分に馴染みがありました。

どのようにしたら優秀な学生が育つのでしょうか。日本の優秀な学生がより能力を高めたい時に何をすべきでしょうか。 ††

知的レベル、学習への気力、決意といった点からは、ハーバード大学の学生と東京大学や他の優れた日本の大学で私が会った学生との違いはわかりません。本当にわかりません。もし違いがあるとすれば、気質と教育法かもしれません。東京大学での参加者のなかには、講義や議論のために非

（4）『これからの「正義」の話をしよう』第一章において、サンデル教授は正義に対する三通りのアプローチについて述べている。①「福祉の最大化」という考え方（功利主義）。②「自由」の尊重という考え方（リベラリズム、リバタリアニズム）、③「美徳の促進」という考え方（コミュニタリアニズム）。付論二二七ページ参照。

（5）儒教における「徳」は人間の道徳的卓越性を表す。西洋哲学における美徳(virtue)に相当し、一致はしないが多くの部分で共通する観念である。徳の獲得により、はじめて人間は優れた人物となるとされ、儒教では統治原理の根幹を形成する。

常に丁寧に準備していた人が多くいることに私は気付きました。何人かは立ち上がって、［発言する時に］書き出したメモを見ていました。ある意味で、私は感心しました。それはよく準備をするという決意を示しているからです。しかし、私が午後の一回の授業だけでなく、[6]彼らの先生であれば、「時には準備しすぎないほうがいい」と説得しようとするでしょう。特定のタイプの準備でできることには限界があります。時には、予測できないことに対応してある種の自信をつけようとするのはいいことです。ここにはおそらくある程度は微妙な文化の違いもあるでしょう。

もし、私が自分の講義［内容］を一語一語書き出して、それを物凄く情熱をこめて素晴らしく雄弁に話したとしても、それは違った講義になります。それは、私がいつもやっているような、大まかなアウトラインを作って、取り組み、準備するものよりも、劣った講義になると思います。私はただ出ていって、学生と話し、質問を出し、話を聞いて、質問を見直し、いつ他のトピックに移るか判断します。このどれもが、前もって用意しておくことはできないものです。原稿を読むことはできないのです。

ですから、私が非常に有能な若い人たちと午後一回だけでなく、何度か一緒に過ごすことができるならば、若い人たちのためには、たまには細か

（6）東京大学で行った講義のこと。

い話は少なくして技術《アート》(art)におけるゲームの練習だけを準備し、機会をとらえてやってみるように、説得してみるでしょう。実際、それはアートなのです。科学でもなく、本から学べるものでもありません。話を聞いて、当意即妙に答えるアート、どのように論じ、討論するかを学ぶアートなのです。

日本の学生はとても優秀です。彼らはこの技術をとても早く学ぶでしょう。実際に今回の二コマの「東大での」講義でも、彼らはお互いに当意即妙に討論するという、目覚ましい習慣を発展させていたと思います。ですから、これは些細な違いであり、誇張したくはありません。しかし、私が彼らを午後一回よりも多く教える機会があれば、彼らと共に取り組みたい技能《スキル》はこういったことです。

日本での講義で特に印象に残っている瞬間について聞かせてください。††

私が印象に残っているのは、東京大学での講義の冒頭での一人の学生のコメントです。私は、〝なぜ、あなたたちはこの対話に参加する準備ができているという自信があるのか〟と尋ねました。すると、ある人が手を挙げて、〝私たちは新しい世代だ。私たちは恥ずかしがらない。私たちは討論することを恐れていない。私たちは正義の意味について、一緒に熟議し、一緒に考える準備ができている〟と言ったのです。それはとても印象的で、感動的でさえありました。そして、私が日本訪問中に交わした会話すべてが、その自信、つまり「日本の人々は、正義の意味や善き生をどう生きるべきかといった大きな問題についての、真剣な公共的議論や熟議に参加する準備ができている」という精神の感覚を確認するものでした。

ですから、私は読者や視聴者に対して、私を歓迎してくれたことや、何よりも正義についての対話に私と共に進んで関わってくれたことに、深い感謝の気持ちを述べたいと思います。

これはただの始まりであり、私たちが今後もこのようなやり取り、この正義についての対話を続ける機会があることを私は願っています。

東京大学での講義で、あなたは〝決して解決できない問題であるにもかかわらず、道徳的な議論や討論は続いていく〟と発言していましたね。(7)この意味について、もうすこし説明してもらえますか。　††

(7)『講義録　下』二七〇―二七三ページ参照。

哲学者や才気あふれる人々、思想家、著述家の間での正義についての討論は、とても長い間に大きくなり続け、止むことがありません。[それは]決して最終的に終わるということがないのです。真に偉大な哲学者はすべて、「自分は、ついに正義や善き生、そして道徳について考える方法を定義した」と信じているのではないかと思います。カントは確かにそう思っていました。しかし、偉大な思想家たちはすべて、おそらく心の底では、"それでも哲学は続く"と信じていたのではないかと思います。新しい、あるいは永続的な議論が生まれてくるのです。これは謎（puzzle）なのです。なぜなら、「もしこういった偉大な人物、偉大な思想家が正義の意味や善き生の性質についての問題を解決できなかったのなら、なぜ私たちがわざわざしなければならないのか。なぜ挑戦しなければならないのか」と考えさせるからです。これが、"こういった問題に、究極の最終的な、きっぱりとした解決策はないように見えるから、哲学が不可能なように見える"という意味です。

しかし、「正義に適《かな》う社会とは何か。善き生とはどのようなものか」について、私たちが哲学者と議論し続け、私たち自身の間で議論を続けているのも真実です。私たちがこういった問題について議論し続ける理由は、

［東大講義でのサンデル教授］

それが私たちが決めなければならない問題だからです。私たちは、「どのような原理が私たちの集合的な生活を律するべきか」を決める必要がありますし、それらの原理が公正であることを望みます。私たちは、政治を超えた個人的な生活を生きる際に、自分の家族、友達、近隣の人、そして自分とは意見を異にする人に対してどのように接するべきかについて考えて、その原理が正義に適ったものであることを望みます。

私たちは、「何が正しい行いか、何が人々に対する正しい扱い方か」を考えるように試みなければなりません。

私たちはこういった大きな問題を避けることはできません。これらに関する何らかの見解に達することなしには、公共的生活にせよ、個人的生活にせよ送ることができないのです。ですから、その意味で、哲学と省察は避けられないものです。私たちは「哲学者たちが考えた」問題に対する答えを前もって想定することなしに、生きることはできないのです。

Ⅵ　日本とコミュニタリアニズム

日本で「ハーバード白熱教室」[1]がヒットした理由を伺いたいと思います。これまでハーバード大学の授業が外に出ることはありませんでしたが、今回はじめて一般に公開されました。日本で「白熱教室」がヒットした理由には、この効果もあったと思います。

†

ハーバード大学も私も、すべての大学が新しいテクノロジーを使って、授業を世界中で公開することはとてもいいことだと考えています。特に、公民的教育に関連する政治哲学のような分野においては。民主的な社会において、公共的討論は常にあるべきものですが、実際には存在しないことがほとんどです。ですから、ハーバード大学や世界中のその他の優れた大学は新しいテクノロジーを活用して、大学の教室で起こっていることを利用できるようにし、関心のある視聴者、学習者、学生や市民が、どこにい

（1）サンデル教授の講義「正義（Justice）」は、日本では「ハーバード白熱教室」と題して、NHK教育テレビ（日曜日一八時—一九時）で二〇一〇年四月四日から六月二〇日までに計一二回にわたって放映された。

てもこのようなテーマや問題についての研究や省察（reflection）、議論（discussion）、討論（debate）に参加できるようにすべきだと思います。

日本では、「白熱」教室というタイトルで放送されました。その効果もあったのではないでしょうか。

†

その通りだと思います。実際、「白熱」した討論《ディベート》には興奮《エキサイトメント》があります。私は大の野球ファンですが、私の講義は、ランナーがアウトかセーフかについての意見を戦わすようなタイプの討論ではありません。そのような討論が白熱することは日常的によく見られることですね。しかし、正義の問題に関しては、公民権の問題、あるいは共通善の意味について、人々がまさに白熱した、激しい討論に参加するように、すべての市民の習慣や能力、意欲を育むことは非常に大切です。討論が白熱するということは、参加者がお互いに対して不作法になるということではありません。白熱した討論を敬意を払いながら行う方法は存在します。学生や視聴者や私の本の読者が、問い、挑み、自らの頭で考える精神を持つことがとても重要だと思うのです。

ハーバード大学のブランドや伝統、名声が今回のブームにも影響を与えたと思いますか。

†

日本の視聴者や世界中の視聴者が、テレビやインターネット上で、ハーバード大学の授業に入れる機会を得て、熱烈な反応を示したのでしょう。それは、ハーバード大学や他の優れた大学に対して、すべての人々に対してできる限り学ぶ機会を与えるという特別な責任を作り出したと思います。これは私たちが始めようとしていた、実験的な試みです。

あなたの講義が日本の視聴者に強く受け入れられた理由はどこにあったと思いますか。

†

私自身、日本の友人の多くに、その理由を聞こうとしています。私は、「正義」の講義の放送に対する日本の人たちの温かい熱烈な反響に驚くとともに、深く感謝し、謙虚な気持ちになっています。どうして、私がその理由を説明できるでしょうか。

ただ、私は次のように推測しています。いま人々の間に、重要な道徳的・倫理的問題、価値や正義についての問題に対する真の、真剣な議論を行いたいという強い切望や欲求があるのだと思います。現在、私たちの社会では、あまりにもしばしば経済論理が真の公共的議論を押し出してしまっています。ですから、私の単なる推測ですが、大きな道徳的問題についての真摯で大胆な、かつ対話相手を尊重した討論を行う可能性に人々が興奮《エキサイト》しているのではないかと思うのです。私がハーバード大学で教えている学生たちはそうです。私の「正義」の授業では、過去の有名な哲学者についての議論を行いますが、その時に、哲学者たちを単に歴史上の一つのエピソードとしてみなしているわけではありません。彼らも、私たちが現代において考えている議論への参加者だと考えているのです。ですから、私の授業に参加している学生たちが最も興奮するポイントも、日本の視聴者と同じだと思います。

　最も興奮を呼ぶことは、正義について、そして善き生に関する最も大きな問題について、自分自身で考え抜くことだと思います。私たち自身の道徳的信念についてとことん考え抜くということには、何かしら危険な面もあります。しかし、そこには同時に、何かワクワクする《エキサイティング》ような、刺激的な面もあります。それは、〝自己探求の旅〟のようなものだからです。授業

［インタビュー中のサンデル教授］

のなかで、まずは過去の偉大な哲学者や思想家と共に旅をしていくのですが、最終的に私たちは、自分自身の頭で考えることが必要です。それが人々を光へと引き寄せるのだと思います。

なぜ正義に強い関心が寄せられているのでしょうか。私たちにとって、なぜ正義はここまで重要なのか。また、なぜ正義について考えることが大切なのかについても教えてくれますか。

「なぜ日本の人たちが正義にこのような熱烈な関心を持っているのか」という質問は、あなたに尋ねる必要がありますね。なぜ今、正義がそれほど重要なのか。「私なりに」答えてみましょう。日本やアメリカなど多くの民主的な社会で、それ「正義の重要性が高まっているということ」は確かですね。約三〇年の間、私たちは市場勝利主義（market triumphalism）と言ってもいい時代を生きてきました。市場が大きな威信を持って勢いを持ち、市場志向の考え（market-oriented thinking）が単に政策に影響を及ぼすだけではなく、生活のすべての領域に影響を与えるようになったのです。市場の便益の一つは、生産活動を組織する良い道具だということです。しかし、市場にはそれ以外にも一定の価値観や一定の規範が含まれています。そして、日本やアメリカで市場志向が強まったことの影響の一つが、不平等の増大、貧富の格差の拡大という事態です。いまや日本も成熟経済となりましたから、貧富の格差が拡大していることが認識されているだろうと思います。

第二次世界大戦後、日本は伝統的に、アメリカや他の民主的な資本主義国家に比べて経済的な平等が実現されていました。しかし今では、アメリカや他の資本主義国家と同じように、不平等が進み始め、それが正義の問題を提起しています。

私たちは世界金融危機を経験したばかりですが、それはある意味では、ここ三〇年の市場勝利主義の終焉を示唆するものなのかもしれません。私は民主的な社会における市場の役割一般についての話をよくします。今はおそらく、所得と富の不平等の問題など、正義の問題を問う「べき」時なのでしょう。だから私は、それが、いま正義について考えることが特に重要になっている理由の一つだと思います。市場経済は多くの意味で豊かさと繁栄の増大をもたらしてきましたが、その対価として私たちが支払ったのが不平等の増大だからです。つまり、それは、私たちが正義の問題に

［今］まさに直接取り組まなければならないことを意味しているのです。

GDP［国内総生産］で日本は中国に抜かれて世界第三位の座に落ちて、[2]イギリスを見てみると、いま多くの日本人が自信をなくしているように思われます。しかし、イギリスを見てみると、彼らは大きな経済力を求めることに関心はなく、別の道を見つけているようにも見えます。日本、そして日本人はこれから何を目指すべきだと思いますか。†

とてもいい質問ですね。経済力の順位は、善き社会や善き生にとって決定的な問題ではないと思います。イタリア、フランス、ドイツ、イギリスを見てみれば、GDPではどの国も世界の三位以内にも入っていません。しかし、それでも、イギリスやドイツやフランス、イタリア、スペインが意気消沈するというようなことはありません。ですから、日本のGDPが二位から三位になったという事実によって意気消沈すべきではありません。日本は成熟した、経済的に発展した国です。だから、［これからの］日本の課題は、民主主義国家として、民主的制度とその実践を深化させて、人々のために善き生を創り出していくことだと思います。

(2) サンデル教授が来日した二〇一〇年八月に、ちょうど内閣府は、中国の第1四半期のGDPの名目値（ドル換算）が日本を上回ったという試算を発表した。

善き生はどのようなものかについて、また正義に適った社会はどのようなものなのかについては、競合する見方が存在しています。私はこうした問題が日本で中心的なテーマとなって話し合われ、討論されるようになっていくべきだと思うのです。ちょうど、アメリカにとってもこういったことは、解決すべき問題として、中心的に討論されるべきであるのと同じように。ですから、他の何事にもかかわらず、GDPが二位から三位になったということは根本的［な問題］だとは思いません。満足度や幸福度、生活水準が非常に高い世界の国々、ヨーロッパの国々を考えてみてください。GDPの順位にとらわれるということは、生活の質、民主主義の質、正義に適う社会の問題といったより大きな問題と比べれば、本当にささいなことだとわかるでしょう。ですから、日本はこういった重要な問題に敢然と取り組むべきであり、GDPの順位で意気消沈したり、気をとられるべきではありません。国も違えば、人口も違うのですから。日本は確立した、成熟した先進国です。ですから、これからの課題は、豊かで満足のいく社会生活と公共的生活を発展させていくことなのです。

日本はアメリカほどには市場原理が徹底された国ではありません。日本人

にはリバタリアン的発想よりも平等主義的な傾向が強いので、コミュニタリアン的な考え方への共感や親しみもあるように思います。日本人とコミュニタリアン的な考えについて、ご意見を聞かせてください。†

日本には、その文化的・歴史的・伝統的な背景から、昔からコミュニタリアン的な考え方がより多く存在していました。アメリカは、常に自らの国をリベラルで個人主義的な社会だと考えてきました。これは従来から非常に広く一般化された見方です。昔から日本には相互扶助の強い伝統、とても強固な家族構造、強いコミュニティの感覚がありました。ですから、この点で、コミュニティの重要性について私が書いてきたことが、日本で共感を呼んでいるのかもしれません。しかし、逆にそれを懸念する人もいるでしょう。なぜなら、日本におけるコミュニティの強い伝統は、階層制や権威といったもう一つの伝統的な側面とも密接に関係しているからです。

ですから、私の本を読んだ日本人のなかには、私がコミュニティを重視することについて、喜ばしく、親しみを持ってくれている人もいますが、「逆に」私がコミュニティと共通善を強調することは、「階層制や権威主義的想定、抑圧的な伝統に挑戦する際に不十分な議論しか提供してくれない」と心配する人もいます。そこで、私が明確にして強調したいのは、「私の議論は個人の権利に反対するものではなく、権威に挑戦することに反対する議論でもなく、階層制に賛成する議論でもない」ということです。私の議論は、単に、私たちが討論を行って個人の権利や自由を定義しようとする時、こういった討論［の中身］は善き生についての考え方によって決まってくるということなのです。私たちは善き生や善き社会についての問題を、権利や自由の問題から遠ざけておくことはできません。このように、私は個人の権利や自由の強い観念に強く賛成しています。そして、権威主義的な社会構造において見られる、抑圧的な階層制にも反対です。

私が「コミュニタリアン」と呼ばれているのは、英米の伝統である過度の個人主義を批判しているからです。その意味では、私はそのレッテルを受け入れます。私は積極的な民主的市民を作り出すために共通善の重要性や、公民的美徳(3)（civic virtue）を涵養《かんよう》することの重要性に賛成しています。その意味では、私は「コミュニタリアン」です。しかし、日本では、「共同体主義者《コミュニタリアン》」はやや異なる意味を持つようです。私が、抑圧的な階層制や権威主義的な構造を擁護することはありません。それは、私が「コミュニタリアン」という言葉で意味していることではありません。もしコミ

（3）哲学的・倫理学的概念で、市民が政治などの公共的な事柄に積極的に関わろうとする美徳を表す。『ニコマコス倫理学』でアリストテレスは人の幸福をテーマに美徳(arete)を論じているが、現代の政治哲学では「共通善」とともにコミュニタリアニズムや共和主義において重視されている。

ュニタリアニズムが、伝統や階層制や権威を盲目的に無分別に容認することを意味するのであり、それが「コミュニタリアン」の考えていることであるとするのならば、私は「コミュニタリアン」ではありません。過度の個人主義や消費者主義、市場主導(market-driven)の考え方を批判してきたことを考えると、私は確かに公民的美徳と共通善を重視してきました。その点において、私の政治哲学と東洋思想のある伝統の間には、何かしらの結び付きやつながりがあるのかもしれません。しかし、「コミュニタリアンであるとは何を意味するのか。そしてこの用語の日本や東アジアにおける意味が、私がいる西洋社会での意味と一般的にどのように異なるのか」について、私の考えを明らかにしておきたいと思います。私は、西洋社会における過度な個人主義と消費者主義、共通善についての市場主導の考え方を問おうとしているのです。

Ⅶ　アメリカと「市場の道徳的限界」

コミュニタリアン的な考え方と日本の関係についてのあなたの説明はとてもよくわかりました。では、コミュニタリアン的な考え方を現代に当てはめる重要性について聞かせてください。

†

共通善における公民的美徳を強調することは、今日、特別な重要性があると思います。市場主導の考え方が最も極端であるアメリカだけでなく、私たちの社会すべてが直面している課題にとって妥当性があると思います。なぜなら、私たちはグローバルな時代に生きており、グローバル資本主義は非常に力強い勢いを持っているからです。グローバル資本主義には相当な成果もありますが、コミュニティや伝統を侵食し、社会的混乱の一因ともなっています。それは、ある程度において、家族構造や相互扶助・健康［医療］における支援のコミュニティも破壊しています。お年寄りの面倒を見る気遣い、小さな子供の面倒を見る気遣いなどがむしばまれているのです。こういったことは、社会の骨組みが解体されていくという危機です。このような日本も直面している課題に、アメリカはしばらく前から直面してきました。社会民主主義(1)［の要素が強い］のヨーロッパでも、コミュニティや道徳規範、非市場の規範の侵食に直面しています。家族生活、健康、教育、公民権、公共的サービスのような分野において特に、市場の価値と非市場の規範の間に対立が存在しています。

市場は生産活動を組織化するうえでは、非常に有効な道具です。市場は、商品やサービスを売ったり買ったり、生産したりすることに関係するような、まさしく「経済的」と呼ぶのにふさわしい生活の部分だけを扱うべきなのです。しかし、市場はあるべきところにとどめておくことが重要です。しかし、私たちは「市場が道具以上のものになり、私たち自身や私たちの社会的関係を理解するための方法になっていく」という傾向について常に意識しているべきです。ここには危険が存在しています。多くの社会がこのような状態に陥ってしまうという危険があります。［私たちの社会のなかに］市場経済があるのではなく、私たちそのものが市場社会になってしまうという危険です。

（1）元は暴力革命を否定し、議会を通じて改良を重ねながら社会主義を実現しようとする立場。近年、ヨーロッパにおける社会民主主義政党には、イギリスの社会学者アンソニー・ギデンズが提唱し労働党が採用した「第三の道」をはじめとして市場経済を否定しない立場も多い。

市場経済とは、繁栄と豊かさを増加させるという目的のために市場を手段、道具として利用するものです。市場が目的のための道具、目的のための手段であることを止め、目的［自体］を定義するようになり、私たちのコミュニティや私たちのふだんの生活（common life）の本質を定義するようになるのは危険です。「誰がいい教育を受けることができて誰ができないのか。誰がいい医療を受けることができて誰ができないのか」といったことを、市場が決めるようになってしまうのです。これは、正義、共通善、善き社会の性格についての問題です。そして市場自身は、このような問題に対する答えを私たちに与えてはくれないのです。

経済学は、「何が善き社会を作るのか。何が正義に適った社会を作るのか」という問題には答えてくれません。これらは政治的・道徳的な問題だからです。そして、これには、ある程度精神的《スピリチュアル》な問題も含まれます。だから私たちは、この問題の答えについて、意見が一致しない場合が多いのです。たとえば私たちは、教育政策、医療政策、軍事政策、あるいは、「厳密には何が市民の責務なのか」といったことについて、すべて同意することはありません。だからこそ、私たちはこういった重要な道徳的・政治的・精神的問題について、真の民主的な熟議を行う必要があるです。それが、〝市場は公共善を達成するうえで主要な手段ではない〟ということの意味です。市場は、財の生産や生産活動を組織化する上で非常に重要ですが、限定的な役割しか持っていません。そして、私たちがいま直面している危機は、市場的な考えが、私たちが一緒になって理性的に論じていくべき生活の諸領域にまで入り込んでいるということです。非市場領域における価値とは、家族やコミュニティ、教育や健康、公民権などの本来的な善(intrinsic good)、さらには私たちの生活をチェックする力を治めるにあたって、意味のある発言をする権利などとも結びついています。これらは、私たちのより広範な道徳的・政治的な価値であり、市場だけで答えを出せるものではないのです。

市場の道徳的限界についてお聞かせください。 ††

ここ数十年では、市場は行き過ぎる傾向があります。市場は、非市場的な価値によって適切に治められる生活の領域にも入り始めています。たとえば、教育、健康［医療］、公民権、安全保障、軍役などです。こういった分野すべてにおいて、〝市場における価値が、私たちが気に掛けている本来の善を押し出してしまうという危険を犯すかどうか〟という大きな問題があります。私たちは子供たちに〝学びへの愛〟のために学んでほしいと思っており、また支払い能力にかかわらず、誰でも医療が受けられることを望んでいます。

ですから、重要なことは、市場を道具と見なして使うことだと思います。市場は、生産活動を組織するのに、物や原材料や商品を売り買いするのに貴重な道具です。危険なのは、市場が国民の富を生み出すための私たちの道具であることを止め、教育や家族、健康や公民権といったことに関係があろうがなかろうが、財（goods）が社会的な善（social good）を考えたり、評価するための方法となってしまうことです。そうなると、「私たちのために」市場経済が存在するという「それ自体は」良い状態から滑り落ちて、私たち「自身」が市場社会になってしまいます。これは良いことではありません。今から、私たちが自分たちのアイデンティティや社会的な活動を市場的な考え方から定義せずにすむように、私たちは市場の適切な役割について、公共的な討論をしなければならないと思います。

市場自体は、正義に適う社会を定義することはできません。公共善を定義することもできません。所得や富を生み出すうえで便利な道具となりますが、市場は正義を定義することもできませんし、私たちに善き社会に生きることの意味を教えることもできないことを肝に銘じておく必要があります。私たちは市場が属していない生活の諸領域に、市場が入ってこないように注意しなければならないのです。そのためにも、道徳的・政治的討論が必要なのです。

アメリカは移民社会と言えると思いますが、「移民を受け入れるうえで、いかに寛容になるべきか」ということについて、あなたの考えを聞かせてください。

††

私は、常に自らの国を移民の国と理解し、定義している社会で生まれました。アメリカは常に自らをそのような国と理解してきました。そして、その考えと共に発展していくことが、素晴らしい強さと豊かさの源泉となっているのを常に見てきました。私は、アメリカ人は自分たちがそうありたいと思っているほどには、常に移民に寛容であったとは言いません。移民問題のために生じた暗い時期や大きな緊張もありました。それでも、私たちの国の自己認識は移民の国であり、移民はアメリカ文化、アメリカの社会生活を非常に豊かにしてきました。それは貴重なことだと思います。世界の他の多くの国は、自らをそのようには考えません。多くの国は、彼らを束ねているのは、一定の歴史や一定の言語や一定の伝統だと理解しています。それでも、そのような社会の多くも、今、移民の増加に直面しています。

本当の困難は、自らを移民社会だと考えていない国が、突然周囲を見回すと、実際問題として多元的な社会に暮らしていることに気付いた時に生じます。ヨーロッパでの移民を巡る緊張の多くは、このことと関係しています。自らを言語や歴史、血筋、帰属によって定義している国が、多くの別の場所からやって来た人々が彼らの社会のなかに住んでいることに気付き、それは緊張の高まりのもととなってきました。

日本でこの移民問題についても討論がなされていることは私も知っています。寛容な移民政策のためには言うべきことがたくさんあると思います。外からやって来て入国したいと思っている人に機会を与えるという理由だけではなく、その社会そのものを豊かにしてくれるからです。たしかに、社会の結束は、社会が移民社会、多文化的な社会になっていく以上、より大きな課題となり得るのは本当です。しかし同時に、国内で違いを受け入れて生きることを学ぶことは、文化や社会生活、政治を豊かにし、また、ついでに言えば、非常に面白い一連の料理が生まれるきっかけとなるかもしれません――これは大したことではありませんが。それは異なる見解、異なる言語、異なる文化的背景について、交渉や議論をして、時にはお互いに対立しながら学ぶことになります。それは非常に社会を豊かにしてくれることだと私は思います。私は、あつかましくも日本に移民政策を提示しようとするつもりはありません。それについて私は十分には知りません。［それについて］もっと多くを学び、多くの人に話を聞く必要があるでしょう。しかし、一般的なこととして、移民に対して寛容な国は自らの社会を豊かにし、善き社会に役立つ多元主義の資源を発展させることがあると私は考えます。

外国人労働者は地域の人たちから仕事を奪うという意見もあります。これは、経済的な側面に関することですが、貧富の格差の問題とも関係しています。この点についてはどのように考えますか。 ††

その問題には単純な答えはないと思います。寛容な移民政策が低賃金労働者の流入をもたらすのは確かです。彼らは、多くの場合、経済的に苦労している既存の労働者にとって代わります。これは比較検討されなければならない問題であり、真剣に受け止めなければなりません。非常に多くの場合、外国人労働者が流入すると、社会の最も恵まれない構成員が、一番直接にその代価を払うことになります。そのジレンマについては、寛容な移民政策から生じる多様性と多元主義の便益との釣り合い《バランス》をとらなければなりません。その釣り合いをどのように取るべきかには、唯一の答えがあるとは思いません。どの社会も自分で正しい釣り合いを取り決めなければならないでしょう。それには、簡単な答えなどありません。

オバマ大統領(2)の政権や今のアメリカの政治の見通しについて、あなたの評価を聞かせてもらえますか。たとえば、核なき世界とか、医療制度改革などですね。 ‡‡

私は今でもバラク・オバマに非常に期待をしています。彼はとても熟練した、才能ある政治家だと思います。大統領選の間、彼は道徳的・公民的理想を訴えて、それは選挙民を奮い立たせました。彼が大統領に就任して

（2）一九六一年―。アメリカの政治家。上院議員（民主党、イリノイ州選出）を経て、二〇〇九年アフリカ系アメリカ人として初の大統領（第四十四代）となる。選挙戦では「Change」（変革）、「Yes, we can.」（やればできる）を合言葉に穏健な共和党支持者をも糾合し、ブッシュ政権下で進められた新自由主義的政策からの転換を主張した。「核なき世界」に向けた国際社会への働きかけに対して、二〇〇九年ノーベル平和賞を受賞。

から、彼の課題は、道徳的・公民的な理想主義（moral and civic idealism）とそのエネルギーを統治へ転換することです。彼はまだはっきりとはその方法を見つけていません。道徳的な発言については、彼はいまその声を小さくしているように思います。それはおそらく、彼が金融危機、株式市場大暴落の実際の危機と格闘している政権に入ったからなのかもしれません。だから、彼は一緒にこの危機に同時に当たらなければなりませんが、長年の懸案だった医療保険制度改革法案[3]を可決させ、金融規制法案[4]を可決させることができました。これは、ウォール・ストリートと銀行で起こったすべてのことを考えれば、確かに必要なことです。

ですから、私自身はバラク・オバマを信じていますが、なかには失望している人もいます。私も時には、彼が投資銀行に対処したり、より強力な保健医療政策を押し進めるために、もっと強く動かなかった時には失望しました。それでも、彼がさらに踏み込むところを見てみたいにしても、政治で達成できることには限界がありますから、私は大まかには彼の政策を支持しています。しかし、本当の課題は、彼が自分の大統領の職務を力強い道徳的な発言で活性化できるかどうかです。彼にはそうするだけの力がありますが、大統領になってからこれまでのところ、私たちは思ったほど

（3）国民皆保険の存在しないアメリカでは、民間の医療保険に加入できない無保険者が四千万人を超え、医療を受けられず死亡する人が年間四万人以上にのぼるなど大きな社会問題となっていた。オバマ政権はこれを内政の最大の課題と位置づけ、保険加入率を九割まで引き上げる医療保険制度改革法案を二〇一〇年三月に成立させた。ただし、法案の合法性をめぐる訴訟は現在も係争中である。

（4）リーマンショックに象徴

力強い発言をまだ聞けていません。

核のない世界を目指すというオバマの大望には賛成です。万人のための保健医療（universal healthcare）を実現したいという思いにも賛成です。就任後の二年間というものの、オバマは強力な反対勢力に直面してきました。選挙運動中に彼が鼓舞した理想主義をまた復活することができればいいと望んでいます。就任後の二年間、オバマは選挙運動中と違い、公民的理想主義を効果的に鼓舞できていませんでした。選挙運動中に巻き起こしたような道徳的・公民的エネルギーを復活させることができれば、オバマ政権にとって大きな助けになるはずです。それがオバマにとって、今後二年間の最大の課題だと思います。

されるアメリカの金融破綻は経済を混乱に陥れただけでなく、再生のための税金投入という国民の不公平感を助長する結果となった。オバマ政権は消費者保護の立場から金融危機の再発防止を目指し、二〇一〇年七月に金融規制改革法案を成立させた。三十年ぶりの抜本的改革だが、市場原理を主張する立場からは現在も根強い批判がある。

Ⅷ　今日における正義と哲学

正しい行いについて考えることは常に重要なことだと思います。しかも、今日、その重要性はより増してきているのではないでしょうか。　††

今日、正義についての討論は特別な緊急性と重要性を持っていると思います。ひとつには、冷戦終結以降、ある種のイデオロギー的ないし哲学的な自己満足から来る安心感があったと思うからです。つまり、経済論理が公共的生活から真剣な政治的な討論や道徳的議論を押し出してしまいがちだったのです。部分的には、これは市場主義的な考え方のなかでの市場の威信、そしてＧＤＰを押し上げるための経済の推進力と関係しています。これは、まったく理解できることです。しかし、その結果として、最近の数十年では、私たちの社会の多くで、ある種の政治的な空白が生じていると思います。政治の大部分が、管理的・技術的になり、政治が大きな道徳的問題や正義の問題に直接的に真剣に取り組まない傾向があります。そして、私たちの社会の多くで、世論は政治に不満を抱えていると思います。選挙民は、より大きな意味と目的を持つ公共的生活を渇望しているのです。

ですから、正義についての討論は、今日特別な響きと重要性を持ちうると思います。公共的生活が無意味になりすぎて、狭量で不寛容な意見がそれを埋めることがないようにするのは重要です。代わりに、正義や公正、共通善について、強力で道徳的に堅固な討論を行うことが重要だと思います。私たちは、日本やアメリカを含め、多くの社会で不平等が増加している事実を目撃してきました。そしてこれには、部分的に市場の自由化とグローバルな競争が関係しています。市場はある意味で、ここ数十年では、公共的生活における支配的な存在でした。しかし、グローバル化が貧富の格差を拡大しているという事実は、正義に適う社会との関係で、平等と不平等を討論する必要を人々に気付かせたでしょう。増大する不平等は、正義についての重要な問題を提起しています。ですから、今日の私たちの社会において、正義について討論をすることは、一層重要になっていると思います。

善き生、善き社会のために何をすべきでしょうか。一市民として、あなたが言っていたようなことを達成するためにはどのように生きればいいのでしょうか。日々の生活で何ができるのか。私たちは、正義について、毎日皆で討論することができません。いま、どのような態度をとるべきなのでしょうか。

††

今日では、善き生を生きることに役立ちうる二つの考え方があると思います。

一つは、過去の伝統的な階層制により定義された習慣や規則を何も考えずにただ受け入れるのではなく、自分自身の道徳的な想定に基づいて批判的に省察する習慣を発達させることです。家族生活、家族構造、男女間の役割の割り当てについて自分自身で考える習慣、批判的に省察する習慣を作り上げることは、善き生を生きる上で一つの重要な特徴です。

しかし、同様に重要な部分は、私たちの生活が、他の人の生活と深く結び付く方法が整っているということです。私たちはただ自分自身だけの「ものである」人間ではありません。「私たちが何者であって、何を目指しているか」の多くは、「どのように成長し、どのコミュニティに暮らしているか。どのような歴史や文化的伝統が私たちの価値やお互いの関わり《コミットメント》を形成したか」によって決まります。

　ですから、人類全体とのある種の普遍的な一体感《ユニバーサル・アイデンティティ》のなかで、人権の重要性が増していることには、深く称賛に値するものがあります。この前、パキスタンで洪水がありました。(1) 私たちはそこに暮らしていませんし、そこで暮らす人を誰も知らないかもしれません。しかし、被害にあった人たちを助けようとする衝動は、人間の深奥にある普遍的な衝動です。同時に私たちは、国家と同様に、より特定の連帯である家族、近隣の住民、同業者、コミュニティ、時には信仰のコミュニティ、労働組合、企業団体など「との関わり」によって、自分たちの人生を生きています。私たちが自らの過去やアイデンティティをいくら批判的に省察しても、〝善き生が私たちを今あるものにしているコミュニティやアイデンティティのすべての外側に立つことを意味する〟とは私は思いません。

　ですから、善き生を生きることは、ある意味では、特定のアイデンティ間の緊張のなかで生きることです。そのアイデンティティとは、私たちを形作り、定義し、また私たちが相互に持っている責任を特徴づけているものです。そして、より普遍的な願望として、人類というひとつのコミュニ

（1）パキスタンでは、二〇一〇年七月二二日から北部を中心に大豪雨が発生。同年九月まで断続的に豪雨が続き、建国以来最悪の洪水災害となった。被災者二〇〇〇万人、死者二〇〇〇人以上、負傷者三〇〇〇人以上、倒壊家屋は一九〇万棟。

ティを、私たちの行動や関心に対して重要な要求をする存在と見なさなければなりません。ですから、ある意味で、善き生には、私たちのアイデンティティ、忠誠、道徳的責任の普遍的《ユニバーサル》な特徴と、［普遍的ではない］特定《パティキュラ》の特徴との間の緊張と共に生きることが伴うでしょう。

これは善き生を生きるための秘訣《レシピ》でも、どうやって正確に生きて選択するべきかについての概要でもありません。しかし、ジレンマに遭遇したり、緊張と共に生きたり、競合するアイデンティティのなかで生きることが失敗ではないと知るのは、ある種の慰めとなりうると思います。これは問題ではなく、人間であるということの一部なのです。特に、私たちが、自分の家族、近所、国さえも越えたところで生活をし、こういったことに遭遇するような場合においては。

多くのハーバード大学の学生は、正義の問題は道徳的・精神的《スピリチュアル》問題から分けて考えることが可能だと思っているのではないですか。一方では、あなたはそれを分けて考えることは不可能だと言っていますね。それに対するハーバードの学生の反応はいかがですか。つまり、権利ないし正義と道徳ないし善の間の、独立性や不可分性についての問題です。

‡

概して言えば、ハーバード大学の学生の多数派は、アメリカの公衆一般に支配的な見解と同様に、正義や権利の問題を、道徳的・精神的《スピリチュアル》問題から分けようとする衝動があると感じます。こうした衝動は理解できるものです。「道徳的・精神的《スピリチュアル》問題に関して私たちの間には大きな意見の不一致が存在しているため、正義や権利がもしこれらと関連しているのだとすれば、正義や権利に対する合意にたどり着くことは決してできないだろう」という恐れが存在するからです。私は、私の本（『これからの「正義」の話をしよう』）や講義の最後で、正義や権利の問題を、善や道徳的・精神的な問題と分けて考えることはそれほど簡単ではない、と述べました。これらは普段私たちが気付かないような形でつながっている、と論じているのです。そこで私はこの考えを、講義が終盤に近付くにつれ学生たちに示します。賛成する学生もいれば、反対する者もいます。もし、学生が私の意見に反対しないならばそうすることができる能力を身に着けさせるように、多くの他の観点や見解や考えを学ばせた後で、はじめて私は自分の見解を彼らに一つの挑戦として示します。そして、確かに反対する学生もいます。どのような比率で賛否が割れるか、私には定かでありません。ただ確実に言えるのは、学生はみなその論点に対して詳しくなり、生き生きと議論をするということです。そして講義を終えて、公共的生活一般に目を向けるころには、このジレンマが繰り返し現れることに気付き、こうした公共的討論を、より良く評価し、自分自身その議論に参加することができるようになるのです。

正義の問題と善を分けて考えることができるというのは、アメリカ人一般の理解を示しているわけですよね。では、こうした一般的な考え方に反対している、あなたの考え方への抵抗のようなものはありますか。

‡

学生の間でも、カント、アリストテレス、ミルなど［の哲学者の思想］について討論した時と同様、この見解についても討論します。彼らも、講義が終わりに近づくにつれ、こうした見解について討論することになれてくるわけです。アメリカのような市場志向型の社会においては、正義や正しさについての問題を善の問題と分けて考える傾向があるのは確かです。しかし、私はこの傾向に反対しようとしています。アメリカの公共的生活におけるその傾向に疑問を投げかけているのです。また、そうすることは、市場の想定（market assumptions）の優越性や、公共的生活における市場的な見方、あるいは自由市場に基づく個人主義への過度な傾倒といったものを疑問視することとなります。私は、アメリカの公共的生活におけるこれらの批判者でした。ですから、私の考えに対する抵抗を経験しているかと聞かれれば、もちろんイエスですね。市場志向は、アメリカでは多くの人々の間に深く根付いている見解ですから。アメリカだけでなく、すべての市場社会においてですね。

しかし、特にアメリカでは、非常に強い個人主義の伝統のために、強い政府に対する疑念があります。これはティーパーティー［茶会］運動(2)との、「より小さな政府を望むかどうか」という論争にも見て取れます。金融危機の後においてすら、いまだ市場へのある種の信仰、市場的な個人主義(market individualism)に対する深い信仰があります。ですから、私は長年の間、市場的な個人主義への信仰に対する批判者なのです。だから［当然］抵抗は存在します。

しかし、最も強い抵抗の多くは、じつは学界の内部から受けるものなのです。私が国内を回って公共的講義を行う時――学術的な専門家ではなく、経済学者でも、政治学者でも、哲学者でもない、関心の高い市民である――一般の聴衆に向けて話す時には、抵抗は比較的すくないですね。これ

(2) 二〇〇九年に始まり、アメリカで広がりを見せる保守派の政治運動。オバマ政権の自動車産業や金融機関への救済措置、景気刺激策や医療保険制度改革など、一連の「大きな政府」路線に対する抗議を運動の中心とする。参加者の多数が白人保守層のため、右派による反オバマ運動と解されることもある。ティーパーティーの名称はアメリカ独立の契機となったボストン茶会事件（一七七三年）に由来する。

は、アメリカ社会がとても根深い個人主義的な潮流に特徴づけられる一方で、公民的、民主的で、かつ共同的《コミュナル》な潮流も存在するからです。一般公衆、たとえば全米公共ラジオ(3)で話をした時の聴衆は非常に博識でしたが、彼らは専門家ではないので、抵抗はあまりありませんでした。私が国内を回って話をし、公共的講義を行う時、こうした人々は非常に深く共感してくれています。

最も大きな抵抗を受けるのは、学界のなかで、ある種の哲学者、哲学のある学派に所属する人々、そしてやはり経済学者たちの間からです。経済学者は自由市場的な個人主義に基づいて、科学を構築していますからね。私からすれば、その前提を疑問視すべきだと思うのですけれども。

もうひとつ、この分裂の例をあげましょう。私は、エンハンスメント(4)［人体の増強・改良］のための遺伝子工学の利用に関する問題に関して、*The Case against Perfection*［完成に反対する理由］という本を書きました(5)。会議、学会、学問的セミナー、あるいは哲学者による書評においては、おそらく私の考えに九割方は反対でしょう。しかし、このテーマ、つまり遺伝子工学について公共的講義を行い〝新しいテクノロジーを用いて男の子か女の子を選べるようになるべきか否か〟を問うた時は、九割方——少な

(3) アメリカの公共ラジオ局で略称はNPR（National Public Radio）。NERN（National Educational Radio Network）を前身とし、一九七一年開局。本部はワシントンD.C.にある。連邦政府や州の交付金、寄付金、スポンサー料などで運営され、報道番組を中心に放送している。

(4) 健康の維持・回復という目的を超えて能力や性質の「改善」を目指し、人間の心身に医学的に介入すること。人体改良、人体増強もこれに含まれるが、定まった訳語はまだない。遺伝子工学（バイオテクノロジー）の発達により性別による産み分けや身長などの遺伝的形質の選択、身体能力の改良などが技術的に可能になり、人間の本性を

くみても八割方は——私と同意見で反対でした。これが、学界の聴衆か一般の「公共的」聴衆かで、一番大きく分かれている点です。こうした反応から見て、私が思うのは、これらの問題の多くに対して学術的な専門家の考え方と、普通の省察する市民の考え方との間で溝が深まりつつあるということです。ですから、私は省察する公衆の間に広く持たれている切望や、そのなかの見解を支援しているのだと思います。この見解は、学界の通説では斥けられているわけですけれども。

実際、遺伝子工学によるエンハンスメントの問題は、現代世界における大きな課題です。あなたの言ったことは、私（小林）の印象ともとても近いですね。日本の学界でも、ほとんどの近年の有力な学者はリベラル派かリバタリアンであり、コミュニタリアン的な考え方には反対なのです。ですから、私を含めてあなたの考えを支持する研究者はごくわずかしかいません。これが少なくとも「白熱教室」放映前の日本の状況だったのです。しかし「白熱教室」が放映され、公衆があなたの講義を目にすると、多くの人々があなたの意見に前向きな反応を示しました。対話型講義の手法のみならず、講義で示した意見やコミュニタリアン的な議論に対してもです。‡

めぐる哲学的・倫理学的問題としてクローズアップされている。

（5）翻訳書『完全な人間を目指さなくてもよい理由——遺伝子操作とエンハンスメントの倫理』（ナカニシヤ出版、二〇一〇年）。但し、この翻訳書のタイトルに関してはサンデル教授が遺伝子工学による増強に賛成なのか、反対なのかが不明であるなどの点で、ミスリーディングと言えよう。詳しくは、拙著『サンデルの政治哲学』（平凡社新書、二〇一〇年）、「第四講」参照（小林）。

それは、とても興味深いですね。

ですから、アメリカの状況は日本の状況ととても似ているように思えるのです。多くの場合、近年の著名な学者や専門家は明らかにリベラル派かリバタリアン的な考えを有していますが、日本国民の多くはあなたのような考えが聞けて、とてもうれしいのだと思います。これは、「白熱教室」が日本で大きな影響力を持った理由の一つで、韓国や他国においても同様なのではないでしょうか。[6] あなたのように、聴衆に直接、公に話すという手法は、一般公衆にとっての学問的障壁を乗り越えるうえでも非常に重要だと思います。‡

そうですね。学界と一般公衆を隔てる壁を低くすることにつながりうるかもしれませんし、是非そうしたいですね。そしてあなたもそのために活動しているのですね。

現代における正義に対する感覚とはどのようなものだとお考えですか。いま、正義の感覚を涵養するために何が重要か、についてです。正義とは、正義に関するなんらかの感覚のうえで成り立っているものですよね。‡

（6）二〇一〇年八月の来日前、サンデル教授は韓国でも講演を行った。韓国では、サンデル教授の講義は日本のようにテレビ放送はされていなかったにもかかわらず、約四五〇〇人もの聴衆がかけつけたという。

そうですね。私たちの時代における正義の感覚は、現代世界の多元主義のなかから成長するものでなければならないと思います。多様な道徳的・宗教的な伝統が存在していることが、現代世界の特色ですからね。そしてこうした異なる伝統が、今までになかったほどの頻度で相互に接触することとなっているわけです。ですから今日の世界における正義の感覚は、いかなるものでも、テレビやインターネット、旅行などを通じて、この多元主義、つまり「多元的な考えや伝統が過去には無かったような形でお互いに巡り合う状況になっている」という事実を反映したものでなければなりません。どのようにしてこうした正義の感覚を涵養するのかという問題は、「一体どのようにして、世界中のあらゆる地域、異なる文化から来る男女に対して、お互いに学び合い、お互いの話を聞き、今後重要になってくる問題に対してお互いに関心を持つことを可能とするようなグローバルな公民的教育を提供するのか」という問題と言えると思います。

このような出会いは、文明が互いに巡り合うなかで歴史的にこれまでもあらゆる場所と時代で起こってきました。しかしながら、グローバルな規模で起こったことはほとんど無かったでしょう。ですから、「現代の」正義の感覚は、グローバルなレベルでの文明や文化的伝統の出会いという現代世界の特徴に応じたものでなければならないと思います。私たちが作り上げ、涵養しなければならないのは、異なる伝統に対して敬意を持って関わるという意識だと思います。お互いの話を聞き、お互いから学び、時にはお互いに同意が得られないながらも、敬意を持ってかつ真剣に接する能力です。ですから、私たちが正義の感覚を育て上げるために、涵養する必要のある公民的美徳があるとすれば、こうしたグローバルな公民性の感覚のための能力であると思います。

あなたの講義は、私たち日本人に哲学的思考の重要性を再認識させてくれました。現代世界における哲学の重要性や意義についてお話しいただけますか。

‡

現代世界における哲学の重要性は、たったいま私たちが話していたことに関係していると思います。哲学は、文化や文明が比較的閉鎖的で、自律的な時には必要性が小さいかもしれません。しかし、毎日のようにお互いと出会い、時には紛争も起こる世界においては、その意見の不一致を明確にし、同意できる領域を見極めるという点において、哲学はとても重要な役割を担うと考えています。ですから、私たちの時代において哲学が重要な理由は、文明や文化のグローバルな出会いということのなかにあるのです。これは、非常に興奮《エキサイティング》を呼ぶ機会と言えるでしょう。「文明の衝突」(clash of civilizations) を恐れる人もいます。私はむしろ「文明の出会い」(encounter of civilizations) のほうについて語りたいと思います。これは哲学的に非常に興奮を呼ぶテーマになりえます。この出会いが哲学、そしておそらく新しい種類の公共哲学のきっかけとなるのです。そのような公共哲学は、豊かな哲学的伝統を持った文明や文化同士が地球的《グローバル》な公共圏で出会った時に、理想的に起こりうるような対話・交流・学びから生まれるのです。私たちは、地球的な公共圏の出現を、今まさに目撃しつつあります。このような地球的な公共圏における文明の出会いのためにも、私たちがグローバルな市民となろうとするならば、哲学的な出会いの議論に関わることが必要となってくるだと思います。

素晴らしい考えですね。歴史的には、宗教が正義の感覚に関して非常に大きな役割を果たしてきました。そうした意味で、現代における宗教と哲学の関係はどうあるべきだと思いますか。 ‡

地球的《グローバル》な公共圏における「文明の出会い」に文脈や意味を与えるうえで、宗教の役割と哲学の役割には重なる部分があるべきであり、またありうると思います。宗教は究極的な意味の問題を扱うのに対して、哲学は固定化された想定を省察します。ですから、宗教と哲学の領域には本質的に重なる部分が多くあります。グローバルな公共的言論に関わるために、宗教的である必要はまったくありません。しかし、想定［考え方］や共通善、意見の不一致や異なる伝統の背後にある正義といったものを省察するという意味において、哲学的にならずに、グローバルな言論に関わることは不可能だと思います。

ですから、「哲学と宗教の間には、堅い境界線でなく、開かれた地平線のようなものがあるべきだ」と私は考えています。多くの人は、信仰の伝統や宗教の伝統のうえに人生の意味を見出しているわけです。それは哲学的な見解に特徴を与えることができますし、歓迎されるべきことです。もちろん、［信仰や宗教は］必ず必須とされるべきものではありませんが、歓迎されるべきものなのです。

大きな感銘を受けました。ありがとうございました。

‡

［インタビュー終了後］

第二部

現代に甦るソクラテス的対話

――サンデル教授から学ぶ講義術

小林正弥

「ハーバード白熱教室」(以下「白熱教室」)の放映以来、サンデル教授の対話型講義が大旋風を巻き起こしています。私は、これを一過性のブームに終わらせずに、対話型講義を日本に導入し、哲学的・学問的な目覚めを進展させたいと思っています。

現に、対話型講義への関心は、教育現場を含めて着実に広がっているように感じます。大学や高校で対話型講義を自ら行ってみようという先生方が現れていますし、高校の先生方からは対話型講義についての講演を頼まれることもあります。高校で、NHKの「白熱教室」の続編とも言うべき「白熱教室JAPAN」の映像を高校生に見せて学習意欲を高めさせたという例も聞いたことがありますし、学習塾でもサンデル教授の講義を題材にして英語を学ばせたという例も聞いています。こういった動きを促進するために、本書では、サンデル教授自身に対話型講義の手法について語っていただきましたが、以下では、それを踏まえて私からも説明を加え、さらにそれを日本で実践するための秘訣についても述べてみたいと思います。

序　素顔の公共哲学者マイケル・サンデル教授

「白熱教室」が放映されてから、サンデル教授には非常に多くの関心が向けられていますから、教授の人格や人柄に関心を持たれる方も多いでしょう。この本のインタビューでは、野球への興味や、若い頃のジャーナリスト志望や政治への関心などの人間的な側面にも言及しています(二〇—二六ページ)。

（この原稿を執筆している段階で）サンデル教授は二〇一一年三月末に訪日されて、読売巨人軍の始球式で投げる予定と聞いていますから、サンデル教授が野球ファンであることは、これですっかり有名になることでしょう。〝御子息の一人がピッチャーを務めていた少年少女の野球チーム（The Brookline Phillies）のコーチをしていた時に、コミュニタリアニズム的な方針でチームを指導して新聞（ニューヨークタイムズ）に報道された〟という話は非常に興味深かったので、インタビューでも直接語っていただきました（二〇—二二ページ）。この記事では、サンデル教授の名コーチぶりが報じられ、インタビューで語られた方針に加えて、チームに次のような規則を設けていたことが書かれています。「相手チームを決して批判するな、審判員《アンパイア》を決して批判するな。常に自分のチームに声援を送れ。常に準備せよ。」（The New York Times, Brookline Journal, June 11, 1996）

「白熱教室」などの講義からも想像できると思うのですが、教授の人格の素晴らしさには、初めにお会いした時（二〇〇〇年三月）から忘れがたい印象を受けています。それ以来、何度会っても思うのですが、本当に親しみやすく、謙虚にして快活で、魅力的な方です。初めてお会いする前は、あくまでもアカデミックな世界で非常に優れた仕事をされている新進気鋭の研究者という印象を持っていたのですが、お会いしたところ、人格的に光り輝いているように感じられたので、まるで「聖人」と会ったような印象を持ったほどです。

「白熱教室」にこれほどまでの反響があったのは、このような人格を多くの人々が映像を通して感じて、それに惹きつけられたという側面もあるのではないかと思います。

そして、私は二〇一〇年末にハーバード大学を訪ねてほぼ一週間（一一月二一—二八日）滞在し、教授と行動を共にする機会があったのですが、アメリカでも日本と同じような状況が生まれていることを実感しました。ハーバード大学の部局間を移動する際に、サンデル教授が運転する車に乗せてもらっていたのですが、二人でちょうど車から降りた時、駐車場の係のような人が教授に「毎週あなたの顔を見ています」と話しかけてきました。アメリカで「正義（Justice）」の講義がテレビで放送されたのはその前年（二〇〇九年）なのですが、再放送されているらしいのです。インタビューで語られているのは、この時のことです（七八ページ）。なお、「白熱教室」は、アメリカではハーバード大学の講義名と同じく「正義」のタイトルで放映され、インターネットのサイトにも公開されました。[1]

　日本におけるサンデル教授の人気はよく知られていますが、このような状況から、アメリカの中でも教授の講義には熱烈な反響が現れていることを実感しました。たとえば、ハーバード大学内でも、ハーバード・ビジネス・スクール（経営学大学院）で、「正義」の講義に啓発されて、「リーダーシップと説明責任」というコースでその内容を導入しようという考えが生まれ、サンデル教授がその会議に呼ばれていました。そのコースに関わる先生方の間で「経営者の決定において、従来の経済的なフィルターと法的なフィルターに加えて、倫理的なフィルターを加えよう」という発想が生まれて、この第三の基準に「正義」の内容を生かせるのではないか、ということになったのです。

　私は教授に同行して偶然その会議に同席したわけですが、その新しい試みについても、教授は、熱い議論が交わされているのを見ながら、質問に答えて親切にアドバイスしておられました。このように、サンデルの教授法やその講義の内容は、他の分野にも影響を与えつつあるわけです。サンデル教授に「あなたの対話的講義法がハーバード大学の他の部局にも広がっているのか」と尋ねたところ、

「過大には言いたくない」と謙遜しておられましたが、少なくとも一部にはこのような反応が現れているのです。このような試みは、ある意味で「正義」という対話型講義が実際の社会に影響を与えていく重要な回路になっていくと思われます。

そこで、私は、このような形で、正義や民主政治についての教授の考えが、学界や大学の中の教育を通じて広がり、ビジネスや法律の世界などにも影響を与えて、様々な領域に全面的に展開をしていくという可能性を感じました。そして、サンデル教授がその人格的に優れた素質を生かして、このような活動を通じて公共的な事柄のために献身しているのを感じました。これが本来の公共哲学者の教育活動、啓発活動の姿なのだろう、と思ったのです。

1　大学に甦る対話篇・ハーバード白熱教室

ソクラテス的「対話篇」との共通性

サンデル教授の大旋風について、「日本でよくある一過性のブームではないか」という冷ややかな見方をする人もいます。それに対して、私は、「そうではなくて、ここには歴史的・文化的意義が存在する」と考えています。その理由を考えてみましょう。

サンデル教授の対話型講義の特徴は、具体的な現実事例や仮設的事例を取り上げながら、学生たち自身に考えさせ、お互いに発言させていくことによって、議論を展開させていくことでしょう。教授は、その発言を生かしながら、様々な政治哲学の思想を紹介したり検討していきます。

サンデル教授は、自らも学生と対話しながら、全体の議論の進行を巧みに制御するので、いわばオーケストラの指揮者に似た役割を果たしています。その手法は極めて巧みで、学生たちはサンデル教授のリードによって見事な演奏（意見）が披露できるようになっているとさえ私には感じられます。

同時に、サンデル教授の講義は演劇的な構成を持っているように感じられます。まるで、即興の演劇のように、学生たちの発言に臨機応変に対応していく姿は、アドリブで演技を行う舞台俳優にも似ています。劇場型の大教室（サンダース・シアター）の効果もあって、「白熱教室」を見ると、まるでサンデル教授が主役を務める演劇を見ているような感じがしてきます。

対話型講義は時に「ソクラテス・メソッド」とも呼ばれるのですが、サンデル教授の講義を見ていると、私はプラトンが書いたソクラテスの姿を思い出します。西洋哲学の出発点として、ギリシャには、ソクラテス、プラトン、アリストテレスという三人の偉大な哲学者が現れました。この三人はそれぞれ師弟関係にあります。この中で、ソクラテスはアテネの街角など様々な場所で問答をして歩きました。プラトンは、初期にはその師・ソクラテスの対話する姿を多くの哲学的・文芸的な「対話篇」として書き残したのです。そこで、対話的な哲学の出発点はソクラテスにある、と言うことができます。

付論（二二三―二二四ページ）でも説明しましたが、サンデル教授は自分の思想であるコミュニタリアニズムの歴史的源泉として、この三人の中でアリストテレスを強調しています。アリストテレスは、プラトンの弟子として哲学を学びながら、やがてプラトンの重要な思想（イデア論）を批判しつつ独自の哲学ないし政治哲学を作り上げた思想家です。私が二〇一〇年末に講義を拝聴した時に、サンデル教授はコミュニタリアニズムについて「ネオ・アリストテレス的」という表現も用いて説明しておられましたから、その意味では、現代アメリカにおける「ネオ・アリストテレス主義」とそれを言うこともできるでしょう。ただ、学問のスタイルとしては、アリストテレスは、今で言う論文ないし著作のような形で、一人で体系的に論述を行った思想家です。その意味では、対話型ではなく、今日の学問的なスタイルの原点と言うことができるでしょう。

これに対し、プラトンの執筆した数多くの「対話篇」は、文学作品のような演劇的構成を持っていて、何人もの人物が登場してソクラテスと問答を行い、彼らは当時の社会通念や自分独自の思想を述べ、ソクラテスは彼らと対話をしながら智恵を追求していきます。対話と問答を通じて相手の考えの難点を明らかにしていくのです。彼自身の最終的な考え方は容易にはわかりませんが、対話と問答を通じて議論は深められていきます。ですから、サンデル教授の思想は内容的にはアリストテレスの影響が大きいのですが、講義法はむしろソクラテスを思わせるのです。

プラトンの書いた『ソクラテスの弁明』[2]によれば、「ソクラテス以上の賢者は一人もいない」というデルフォイの神託を伝え聞いたソクラテスは、自分が賢明でないことを知っているので、その言葉を信じずに、当時、賢人と言われていた人々の所に行って問答することによって、彼らが本当に知っているかどうかを調べます。すると、当初、知っているように振る舞っていた識者たちは、問答の途中で充分に答えられなくなってしまいます。そこで、ソクラテスは、〝彼らは知らないのに、自分では知っていると思いこんでいる。それに対して、自分は、知らないことを知っている。だから、知らないことを知っているという点で、知らないことを知らない彼らよりも、知っていることになる〟と考えて、神託の言葉に納得したというのです。これを「無知の知」といいます。

ただ、「ソクラテスが、自分自身の考え方を持っていなかったか」といえば、決してそうではありません。彼は、『ソクラテスの弁明』にも現れているように、自分自身の考え方に信念を持っており、その到達した考え方を曲げずに、凛とした態度を貫きました。彼は、たとえば「美徳」を身につけることは魂をより善くすることであり、そのためには真の「知」が大事であると考えました。

サンデル教授の講義では、学生たちがソクラテスの対話相手のような役割を果たしています。講義を見ていると、功利主義、リバタリアニズム、リベラリズム、コミュニタリアニズムなど、様々な哲学的な立場が幾人かの学生によって代表されていることがわかります。彼らに対してサンデル教授が巧みに質問をして、発言を引き出していき、議論を深化させていきます。

この手法は、芸術的と言ってよいほど見事で、これはいわば「芸術的講義」とも言えるほどです。サンデル教授は、いわば講義のアート（技術、芸術）を駆使するアーティストであり、主演俳優にして主演講師とでも言えるでしょう。

サンデル教授は、二〇一一年二月にも来日して日本テレビの番組「たけしのＩＱ２００～世界の天才が日本を救う」（二〇一一年二月二一日放映）に出演して、タレントや議員たちをいわば生徒として、対話型講義を行いましたが、この講義でも、アドリブで素晴らしいパフォーマンスを見せて下さいました。私は、来日直後に教授から聞かれて、この講義についても主題案について意見を述べ、それを受けて教授は講義のテーマを決められました。講義はその翌日に行われたので、事前の詳細なシナリオなどはなかったと思います。私はこの講義を傍で見ていて、教授は本当に天才的な講義のアートを持っておられると感嘆しました。

インタビュー中にも言っているように、サンデル教授はソクラテスのように相手をいら立たせるような攻撃的な質問はしません（三五ページ）が、学生たちとの対話を通じて様々な思想や哲学が展開されているという点で、私は「対話篇」との共通性を感じざるを得ません。「対話篇」を読むと当時の人々がどのような考えを持ち、ソクラテスとどのような議論をしたのかがよく理解できるのですが、サンデル教授の講義も学生たちの発言から今日の重要な哲学的立場が理解できるという点で非常に似ています。

もし「白熱教室」の映像を後世の人たちが見れば、ここに登場する学生たちは、ちょうどプラトンが描いたソクラテスの対話相手のように、様々な思想を表現した人物として記憶に残ることになるのではないでしょうか。「白熱教室」のＤＶＤ[3]の解説では、代表的な学生たちの名前にふれながら、各回の重要な議論を説明しましたので、ご覧いただければ幸いです。

また、「対話篇」のソクラテスと同じように、サンデル教授も自分自身の思想を講義では途中まであまり語りません。学生たちの議論を引き出すことにより、それぞれの思想の限界を明らかにしていきます。ですから、その講義を聞いている人は、サンデル教授の思想については詳しくはわからないけれども、功利主義やリバタリアニズム、そしてリベラリズムの思想的限界については次第に理解していくことになります。これらの政治哲学が充分ではないことについては「知る」ことになるわけです。もし、他に適切な政治哲学を知らないのだとしたら、その人はまさに自分が「無知」であることを「知る」ことになるでしょう。政治哲学について、いわば「無知の知」という状況になるわけです。

もっとも、ソクラテスと同じように、サンデル教授も、自分自身の考え方がないわけではありません。それが、一般にはコミュニタリアニズムと言われている思想であり、「白熱教室」では「目的論」という表現も用いられています。サンデル教授は、この思想を「白熱教室」の最後の方の回（第一〇回以降）で紹介し、これについての議論も行っています。この思想は、人間の魂とか、美徳や善を重視するという点で、ソクラテス以来のギリシャ哲学と共通性が高いのです。ソクラテスの「対話篇」でも、『ソクラテスの弁明』の他、毒杯を仰いで死ぬ直前の『パイドン』[4]などでは、人間の魂の不死など、彼の人生観が明瞭に語られています。「対話篇」におけるソクラテスは、その人生の最後に自らの思想を明かした（とされた）わけです。この点でも、そしてその内容の点でも、サンデル教授の対話型講義は、ソクラテスの対話篇と共通性があると言うことができるでしょう。

また、付論で説明するように、自分の政治哲学の方法や論理について、サンデル教授は、個々の事例の判断と、一般的な原理との間を往復するという方法を示し、それを「弁証法的（dialectical）」と呼んでいます。この方法は、歴史的には、ソクラテスの問答法・対話法から始まり、プラトンが「弁証法」として発展させ、近代にはヘーゲルが体系的な論理として築き上げました。「弁証法」という訳語は意味がわかりにくいので、私は、「対話法」との関連を明確にするために、しばしば「対理法」と訳しています。サンデル教授の言われる弁証法的方法は、ヘーゲルの弁証法とは意味が異なりますが、ソクラテス以来の対話法の伝統に連なるものであり、それを政治哲学において新たに展開したものと言えるでしょう。

このように、哲学的な対話や議論、またその方法論の展開といった点で、サンデル教授の講義は、まさしく現代の「対話篇」と言えるものだと私は思います。この「対話篇」を視聴したり読んだりすることによって、私たちは、哲学の原点に戻ることができるのです。これは、いわば学生一人一人の中で哲学が生まれ出ずる現場であり、個々人における哲学的思考の誕生の瞬間です。私たちは、「白熱教室」を見ることによって、かつてソクラテスがアテネの街角で人々に話しかけて行った対話の姿を見るのと似たような知的興奮を味わうことができるのです。それによって、哲学的思考の生成の現場を垣間見ることができるからです。

だから、「白熱教室」の「ブーム」は、単なる「ブーム」ではなく、それを通じて人々が哲学そのものの息吹に触れ、哲学的精神に目覚めることを可能にするものだと思います。哲学とは本来、大学の文学部などで難解な議論に興じることだけではなく、より善い人生を生き、より善い世界を形成するために役立つような「智恵を愛し求める」こと、「愛智」の営みに他なりません。「白熱教室」は、そのような生き生きとした愛智の営みに多くの人々が接することを可能にしたのです。

西洋において、ギリシャの哲学は、同時に学問の出発点でもあります。ソクラテスの最大の弟子プラトンが開いたアカデメイアという学園が、今日のアカデミーとかアカデミズムという言葉の語源になっていることを考えれば、このことはわかるでしょう。ですから、哲学の原点に回帰しその場に立ち会うということは、学問の原点に回帰し、その場に臨むということでもあります。「白熱教室」は、哲学、そして学問がその原点に回帰し、多くの人々がその魅力を知り、そこに参与するということを可能にしました。ここに、「白熱教室」の歴史的・文化的意義があると私は思うのです。

対話型講義の特質

対話には様々な種類のものがあり、その性質を哲学的に考察する「対話の哲学」も存在します。たとえば、マルティン・ブーバーとか、ユルゲン・ハーバーマスとか、エマニュエル・レヴィナスといったような様々な哲学者がその独自の対話的哲学を展開しています。

対話型講義における「対話」は、このような多様な対話の一種ですが、通常の対話とは異なっています。多様な対話の中で、対話型講義における「対話」は、講義において哲学的な議論を展開し、哲学的な思考を育むための対話という特色を持っているのです。

ソクラテスの問答は、このような哲学的対話の原点です。ここから、対話法、そして弁証法という哲学の伝統が発展していくのです。サンデル教授の対話法は、それを大規模講義という場にふさわしい形で現代的に展開したものと言うことができるでしょう。

このような対話的教育は、イギリスのオックスブリッジ（オックスフォード大学とケンブリッジ大学）においては少人数のチュートリアル教育として伝統的に展開してきました。オックスフォード大学で博士号を取得したサンデル教授は、「白熱教室」の教授法が、オックスブリッジのこの教育法を大規模講義で展開したという側面を持っていることを明らかにされています（三〇ページ）。

対話型講義は、通常の一方的講義とは異なって、教師が一方的に話して学生が聞くのではなく、学生が自ら自由に思考して発言することを促します。そして、サンデル教授の場合は、唯一の正しい思想を絶対的に示したり、一つの結論を学生に受け入れるように強制したりはしません。その点で学生の自由で個性的な思考が重視されます。

しかし、他方で、これは、ただ単にお互いが自分の意見を対等な立場で述べ合う対話とも異なっています。これも大学の講義の一種ですから、教えるべき知識がありますし、学生に示唆する思想的な方向性があります。そして、講義における対話を通じて、学生が自らの思考を深めていくことができるように導くことを目指しています。

インタビューでサンデル教授が言われているように（三六ページ）、これは単なる世論調査ないし意見調査のようなものではないのです。自由な思考を尊重してそれを育みながら、その思考を深化させ、発展させることが、対話型講義の眼目です。世間の多くの討論においては、お互いの意見を述べるだけで、自分の意見の正しさやその優位性を明らかにすることのみを目指す場合が少なくありません。このような討論は、お互いの意見の相違を明らかにするためには役立ちますが、それぞれの意見が深化したり発展して変化することはあまり期待できません。議会や政治番組の討論をはじめ、今日の政治的討論の多くはこのようなものになっていると言えるでしょう。

これに対して、対話型講義では、教師の考えに学生ないし参加者が同意することは求めませんが、多様な学生の考え方がそれぞれ深化して発展することを目指しており、時にはその思想が変化することがむしろ当然であって、思想的発展の証ですらあります。そこで、このように思考を深化・発展させるために、教師の役割やその技術《アート》が非常に重要です。日常的な対話とは異なって、このような思考の展開を促して可能にするのは、講義における教師の発言だからです。講義という空間である以上、ここには教師と学生という立場の相違が存在します。

これは、全くの平等な空間ではなく、一種の権威ないし権力の関係が存在する知的空間です。もし、教師が余りにも強く自分の考えを述べたり他の考え方を批判したりすれば、学生たちの自由な思考は阻害されてしまうでしょう。ポスト・モダン派と言われる現代の流行思想の論客たちが批判的に言うように、このような状況では、知的な権力が抑圧的に働くことになってしまいます。他方で、教師が余りにも自分の見解を述べなかったり発言をしなかったりすれば、学生たちの思考は充分に刺激されず、発展もしないでしょう。これでは、講義としての意味が少なくなってしまいます。

ですから、対話型講義においては、自由な思考の尊重と、その深化・発展の促進という二つの要請が共に重要であり、教師はその間で釣り合い《バランス》を取ることが必要になります。一方的な講義と対話型講義の相違はすぐにわかりますが、その空間で講師が参加者と対話しているからと言って、必ずしも優れた対話型講義になるというわけではありません。自由な思考はあくまでも自由な思考である必要がありますから、講師はそれを尊重しつつ、他方でそれを刺激して自由な思考を促進する必要があるのです。

たとえば、世の中では、しばしば宗教的・政治的ないし商業的な対話の場において、人々が知らず知らずの内に、その場が目的とする方向に人々を誘導する技術が行使されることがあります。最近は、しばしばこれは「ファシリテーション」と呼ばれたり、その講師ないし誘導者は「ファシリテーター」と呼ばれたりします。そのような場では、人々は知らず知らずの内に、自分では自由に考えたつもりでいながら、講師の考えへと同意するように誘導されることが多いのです。むしろ、講師は、自分の考えを一方的に押しつけるのではなく、受講者が知らず知らずの内に、自由に考えたつもりでいつの間にかそれに同意するようにし向けることが、優れたファシリテーションと考えられます。

このような技術が必ずしも悪いというわけではありません。たとえば、ある種の宗教的な対話の場や自己啓発セミナーや、特定の政党や政治家が主催する対話集会や、ある商品の宣伝のために催されるセミナーのような場では、もともと特定の宗教や政治的見解が受け入れられて広がったり、商品が売れることが目的なのですから、参加者はそれを前提にして参加するわけですし、そのような誘導の技術が用いられるのは奇異なことではありません。

でも、ここには危険も伴っています。たとえば宗教的・政治的・商業的なファシリテーションが度を超すと、思考を操作するマインド・コントロールのようになってしまうでしょう。哲学的・学問的思考は、それとは正反対で、あくまでも自由な思考を育むものです。ですから、対話型講義は、このようなファシリテーションとは異なったものですし、ましてマインド・コントロールとは対極にあるものなのです。

2　サンデル教授の講義術

サンデル方式の対話型講義

ですから、対話型講義において、教師は、自由な思考の涵養と、思考の促進という二つの要請の間で、微妙なバランスを取る必要があるのです。ここには、優れた技術《アート》が必要になります。

ですから、対話型講義には、通常の講義以上に講師の能力が必要とされます。サンデル教授は、インタビューの中で様々な講義術について話していますが、それはある種の芸術《アート》の域に達していると私は思います。前書きで述べたように、このような「学術＝技術＝芸術」（学芸ないし技芸）は、ギリシャ語の「技術（テクネー）」や「術（ケー）」に対応し、英語では「アート」と表現できます。講義中のサンデル教授は、講義における対話の「技法＝アート」を存分に使いこなしながら、芸術的に哲学的な論理を展開していると言えるのではないでしょうか。

「君の名前は？」というように、格好良く相手を指さしながら指名して名前を聞くサンデル教授の手法は、すっかり有名になりました。名前をすぐ覚えて対話の中で活用するという教授の記憶力には、本当に驚かされます。私も講義中に名前を聞くことはありますが、とても教授のように覚えていることはできません。このようになかなか余人には真似ができないアートもありますが、中には私たちでも活用できるアートも存在します。

私自身、サンデル教授にならって自分が教えている千葉大学で同じような対話型講義を始めています。まず、「白熱教室」の放送が行われていた二〇一〇年度の前期では、サンデル教授の講義を学生たちにテレビの放送で前もって見てもらい、それについて授業で学生たちに議論してもらいました。ハーバード大学の講義と同じように、マイクを持って起立して発言してもらい、当初は名前も言ってもらっていました。学生たちの発言が一段落してから、適宜私が説明を行いました。テレビの白熱教室の解説は、各回の前半・後半の最後に行った短いもの（約一分三〇秒）だったので、千葉大学の授業ではそれを詳しく説明したのです。

また、「白熱教室」では、ハーバード大学のブログに学生たちの意見や議論が掲載されていて、それについて講義でも言及しながら議論を進めていたので、私の講義でも学生たちの議論を活性化するために、講義に即した特設サイト(5)も開設しました。学生たちが講義に対してメールで寄せてくる感想や、様々な事例についての意見をこのサイトに掲載したのです。このサイトには、サンデル教授やそれに関する私の活動についての最新情報や、「白熱教室」に関する参考文献や参考となる文章なども掲載しました。

慣れていないために初めは学生たちの発言は少なかったのですが、回を重ねるにつれて、学生たちの発言は増加していきました。ハーバード大学の教室では出なかった意見や議論もしばしば現れるようになって、徐々に盛り上がっていきました。私自身も対話型の講義に次第に慣れていき、やがて「白熱教室」で論じられている海外の事例に対応する日本の事例を提起して、それに対して学生たちに議論してもらうようにしました。日本の事例は学生たちにとっては、より身近なので、さらに活発な議論が生じました。

前期の講義の終わり頃には、発言する学生の数も増え、議論も活発になってきました。初めて教室を取材にきた雑誌『SAPIO（サピオ）』（小学館）の記者たちが「本当に白熱教室になっていますね」という感想を述べてくれたのが、印象に残っています。ちょうどその頃は、「白熱教室」の最後の二回（第一一回と第一二回）が放送されている頃で、コミュニタリアニズムの思想を念頭において、コミュニティへの忠誠心や同性結婚の問題を論じていました。私の教室では、明治維新の時の西郷隆盛の西南戦争や、坂本龍馬の脱藩、そして結婚制度そのものの是非といった主題について論じたのです。この時の記録が、序でふれた『マイケル・サンデルが誘《いざな》う「日本の白熱教室」にようこそ』（小学館、二〇一一年）の六コマ目「何が『善い』生き方なのか?」に収載されています。

このような実践から、私は、日本の大学教育においても対話型講義は十分に可能であると感じています。しかし同時に、対話型講義をうまく進めるためには、一種のアートが極めて重要であるとも強く実感しています。講義方法に私なりの工夫があって初めて、学生たちの議論が活発になったように思うからです。

私の場合、まさにサンデル教授に誘《いざな》われて対話型講義を開始したので、教授の講義のアートはまさに「導きの星」になっています。このような対話型講義は、いわばサンデル方式の対話型講義と言えるでしょう。

そこで以下では、印象的な場面に即して、サンデル教授の講義から私が読み取ったアートを幾つか挙げてみたいと思います。これは、もともとはNHK教育テレビで放送された「ハーバード白熱教室の衝撃」のために整理したものです。番組ではその中の幾つかが放映され、該当する「白熱教室」の場面を映し出しながら、私がコメントを述べました。本書では講義中の場面を説明しながら、できるだけわかりやすくポイントを整理してみましたが、より詳しく知りたい方は、該当する箇所を示しますので、市販のDVDや講義録で確認されることをお勧めします。

アート①：学生の発言を論理的に明確にする

まずひとつめが、発言した学生に質問をしたり、学生たちの発言を巧みに言い換えたり、整理したりすることで、彼らの発言を明確にしてあげるアートです。

功利主義の問題について取り扱った講義の時のことです（第二回、『講義録　上』五五ページ以下）。

アメリカのある自動車メーカー（フォード）が修理にかかる費用便益分析を行った結果、車（ピント車）の欠陥によって失われる人間の命を一人二〇万ドルとはじき出して、想定する死者数と掛け合わせたところ、修理をして得られる便益よりも修理によってかかる費用の方が大きいので修理を行わなかった、というケースが取り上げられました。この例は、「喜びや苦しみなどの『幸福』を一律の基準で数字に換算して計算できるかどうか」という問題を問うものなのですが、この自動車メーカーの考え方は功利主義のある種の典型を示しています。

ある女子学生（ジュリア）が、人の命は二〇万ドルでは安すぎるという趣旨の発言をしたところ、ある男子学生（ヴォイテク）が、二〇万ドルというのは昔のことなので「インフレを考慮しないといけません」と発言しました。今ではもっと高いだろうという意味の発言ですが、他の学生たちには大受けでした。この状況でサンデル教授は「では、今ならいくらになると思う？」と質問をしたのです。それに対して、その学生は「二〇〇万ドル」と答えました。

さて、なぜサンデル教授はこのような質問をわざわざしたのでしょうか。インフレに関するこのやり取りは、一見功利主義に関する本質的な議論とあまり関係がないようにも感じられます。実は、この学生の発言は「人の命さえも数字で表すことができる」という功利主義の発想の一つの典型なのですが、彼自身は自分の発言の背後にこのような思想があるとは初めからは言いませんでした。そこで、サンデル教授は対話を快活に進めながら、「インフレを考慮しなければならないと考えるということは、君は人の命を数字に置き換えること自体には賛成なんだね？」とその学生にさらに問いかけました。

インタビュー中でも、サンデル教授は、講義中の議論の展開にふさわしい発言を引き出すための様々な手法について話していますが、この例では、学生たちが初めからは明確に言わないことを巧みな誘導質問によって言わせています。学生が「インフレを考慮しないといけません」といった時に、すぐさま「それは功利主義的な発想だ」とは指摘せずに、質問を挟んで数字を具体化した後で、学生の発言のポイントを整理し、学生の発言を論理的に明確化してあげているのです。サンデル教授は、そのことを学生自身にも理解させるために、このようなやり取りをわざわざ行うのです。

学生たちは、しばしば自分自身の思想的立場や論理が充分にはわかっていませんから、発言の内容が混乱していたり首尾一貫していないことも少なくはありません。けれども、だからといって、それを否定するのではなく、彼らの本来言いたいことを汲み取って、より論理的に明晰に教師が言い換えて説明してあげると、学生たちは頭が整理され、感謝します。サンデル教授は、この手法についてインタビューでも触れて、「言い換える［再定式化する reformulate］」という表現を用いています（五三ページ）。もっとも、学生の意図とあまりに離れて言い換えてしまうと、逆に学生たちはそれに反発するようになってしまいます。ですから、この言い換えには、適度の「再定式化」が必要なのです。

アート②：学生に哲学的立場を自覚させ、それぞれの立場の代表者を見出す

政治哲学には、様々な考え方がありますが、講義中にサンデル教授は学生たち自身の哲学的立場を自覚させて、さらに議論を展開させていこうとします。これも、サンデル教授がよく使うアートです。

これも功利主義の講義の時のことですが、運転中の携帯電話の使用の是非についての議論が行われ

ました（第二回、『講義録　上』五八ページ以下）。運転中の携帯電話の使用が原因で毎年約二〇〇〇人の命が失われているが、ハーバード大学のリスク分析センターの費用便益分析では、〝運転中の携帯電話の使用によってもたらされる便益（例：商談や友人との会話など）とそれによって失われる命の価値はほぼ同等である〟という結果が出されました。この結果に対して、サンデル教授は「命の価値をドルに換算するのは間違いだとは思わないかな？」と学生たちに問いかけました。

これに対して、ある男性学生（ラウル）が「もし、大多数の人間が携帯電話のようなサービスを利用してその利便性を最大限に活かしたいと考えるなら仕方ないと思います。満足には犠牲はつきものですから」と発言します。それに対してサンデル教授は「君は完全な功利主義者だね」といい、「その通りです」という答えを引き出します。さらに教授は、先ほどの自動車メーカーの時の学生と同じように「人の命に値段をつけるとしたら、この場合はいくらが妥当だと思う？」と問いかけます。その学生は少しためらいましたが、最後には「一〇〇万ドル」と答えました。

この学生の当初の発言は、先ほどの「インフレを考慮しなければいけません」という発言と比べると、ある程度自分自身の考えを論理的に述べることができていました。彼もまた功利主義的な立場の学生だったのですが、サンデル教授はあえて「功利主義者」という言葉を持ち出して、その学生に自分の哲学的立場を自覚させようとしています。実際、彼はそれを認めました。こうすることで、学生は自分の哲学的立場が明確になり、その後の議論においては功利主義の立場から論理的な発言をすることができるようになります。

そして、これは、その学生のためだけではなく。講義の全体の進行にとっても有意義です。講義ににおいて、功利主義、リバタリアニズム、リベラリズム、コミュニタリアニズムなどのそれぞれの立場から相互に議論がなされることは、非常に有益です。そのためには、それぞれの代表者が学生の中にいて、学生たちが相互に議論することが望ましいのです。それぞれの立場を典型的に代表するような意見を述べた数人の学生に、自らの立場を自覚してもらい、その立場からの発言をしてもらえば、このような講義の進行が可能になります。

「白熱教室」で言えば、功利主義者のヴォイテクやラウル、リバタリアンのアレックス、リベラル派のハナ、コミュニタリアンのＡＪ・クマールといった名前が思い浮かびます。彼らは、プラトンの書いたソクラテスの「対話篇」における有名人物（『ゴルギアス』のカリクレス、『国家』のトラシュマコス、アデイマントス、グラウコンなど）のような役割を、サンデル教授の「対話篇」において果たしているのです。

このように、学生に哲学的立場を自覚させ、それぞれの立場の代表者を見出すことも、政治哲学の講義にふさわしい論理的な議論の展開を可能にするためのサンデル教授のアートと言えるでしょう。

アート③：個人的な攻撃を避けさせて、学生自身の論理を徹底的に展開させる

哲学的・思想的な対話は、個人的な問題に関係する場合もあるために、時に感情的な議論になったり、相手を傷つけかねない言葉が出てしまうことがあります。この典型的な例が、インタビュー中にもサンデル教授がふれている（六九―七一ページ、八七―八九ページ）同性結婚に関する講義で見られました（第一二回、『講義録下』二一四ページ以下）。サンデル教授は記憶によって説明しておられるの

で、ここでは『講義録』から説明しましょう。
この講義中、「結婚の目的、セックスの第一の目的は生殖であり、第二の目的が男女を結びつけることなので、男女間の結婚のみを認めるべきである」というカトリックの学生（マーク）の意見に対して、ある女子学生（ハナ）が不妊のカップルやマスターベーションを挙げて、「これらが認められるのならば、生殖につながらない同性間の結婚も認められるべきではないか」という異議を唱えます。そして、この議論の最中、その女子学生はその男子学生に対して「失礼ですが、マスターベーションをしたことは？」とびっくりするような質問をしたのです。この、ややもすれば議論の本質から脱線した感情的なやりとりになりがちな事態をサンデル教授は見事に収拾します。次のようなやりとりが行われました。

サンデル「ちょっと待って、それには答えなくていい（一同笑）。君の質問は分かった。ちょっと静かに。君は質問を……（一同笑）。」
マーク「その質問に答えたいと思います（拍手）。」
サンデル「いや、それは……ちょっと待って。君たちはこの学期中とてもよくやってきた。大学で話し合うことができるとは思えないような問題を扱い、今もとてもうまくやっている。ハナ、君はいいところをついている。でもそれを、一般的な議論として言ってくれないかな（一同笑）。個人を問い詰めるのではなく、論点をはっきりさせてほしい。君が考えている論拠は何だろうか。」

ハナ「はい。聖書では……」
サンデル「三人称でね（一同笑）。あくまでも三人称で。二人称ではなく。さあ、どうぞ。」
（『講義録　下』二二五ページ）

つまり、女子学生に対して、〝いいポイントをついているけれども、一般的な議論に。三人称で〟というふうにやさしく提案したのです。

この発言をした女子学生は、とてもリベラルな考えの持ち主でした。彼女も男子学生を攻撃するつもりはなかったのだと思います。しかし、つい言い過ぎて脱線した質問になってしまいました。しかし、彼女の発言によって、個人的な問題のやりとりになり、議論が感情的になってその後の議論が生産的にならない可能性は十分にありました。サンデル教授はいち早くそれを察知し、制止して事態を制御しました。教授の絶妙な技術によって、論理的にすぐれた議論がその後にも展開されていきます。

実際にこのやり取りの後、サンデル教授の質問に応答しながら、この女子学生は、自分自身との単独結婚、合意に基づく一夫多妻制や一妻多夫制までも認めると発言しました。これは、リベラル派の重視する自由な選択という論理を徹底した場合の帰結なのですが、彼女も当初はここまでの結論は考えていなかったでしょう。サンデル教授との応答の中で、自分の論理を徹底すると、このような結論に至ると考えたのだろうと思います。途中で彼女が「もしあなたが自分自身と結婚したいと思っても、法的には無理かもしれないけど（一同笑）、私は構いません」と言った時、サンデル教授は、〝立法者の立場になって考えてみて〟というように問いかけ、彼女の論理を展開させました。このような巧みな議論の進行によって、彼女は自分自身の論理を大胆に推し進めることができたわけです。

個人的な攻撃を回避させ、巧みな質問や提案をして、学生自身の論理を展開させていく。これも、サンデル教授の非常にすぐれたアートと言えるでしょう。

アート④：臨機応変に議論を展開させていく

インタビューの中でサンデル教授は、「［講義には］サスペンスと白熱発生的で予測不能な要素があります」（九九ページ）と言っています。実際に講義を見ていると、学生たちから予想外の発言が出てくることが時々あります。先ほどふれた同性結婚の講義の時の女子学生の発言が典型的ですが、このような状況でもサンデル教授は巧みな技術で議論を展開させていきます。

たとえば、リバタリアニズムについての講義の中で、「統治される者の同意による課税は強制ではないかどうか」という論点について議論が行われました（第三回、『講義録　上』一一四ページ以下）。その時、ある学生（ジョン）が「（所得の）下位者一〇パーセントの人々のための上位者一〇パーセントへの課税を、中間の八〇パーセントの人々の多数で決められる」ということに反対したので、サンデル教授が「民主主義では過半数が勝つ。君は民主主義に反対なのか？」と問うと、この学生は、「民主主義には賛成です。でも……民主主義［民主政治］と衆愚政治とは同じものではありません」と答えます。

この時の論点は、再分配や課税の正当性についてだったので、学生の口から「衆愚政治」という言葉が出てくることはおそらくサンデル教授も予想していなかったと思います。しかし、サンデル教授は、この学生の発言から、「同意」という問題を通じて民主主義の議論を取り上げようと考えつきます。この学生の予想外の発言を生かして民主主義との関係を議論したら面白いだろう、とおそらく瞬時に判断したのです。

実際に、民主政治と衆愚政治というのは、民主主義論にとって大事な論点であり、この問題から、民主主義と自由、民主主義と正義といったような重要な論点について議論することができます。実際に、この時の講義では、民主主義と権利、そして民主主義と所有権という論点に議論は進んでいきます。

対話型講義では、自分が思ったとおりに学生が発言するわけではありません。学生の発言を聞きながら、「あっ、この論点はあの問題につなげると面白いな」とピンと来て、その瞬間を捉え、新しい重要な論点を提示することも時に必要になります。

「衆愚政治」という学生の言葉をきっかけにして、哲学的に重要な別のポイントに話を進めていく。これは、臨機応変に議論を展開させるサンデル教授のアートと言えるでしょう。

アート⑤：哲学に関する実験《テスト》をして学生にその内容を考えさせる

サンデル教授は、講義の中で、哲学的な意味を持つ実験をして、学生たちに、通常とは異なった角度から考えさせることもします。

たとえば、教授は、第二回の講義で、功利主義を難点から救う修正案として、ジョン・スチュワート・ミルが、高級な喜びと低級な喜びというように、喜びに質の差異を考えることができるとしたことを紹介し、ミルの考えに従って、学生たちに実験をしました。ハムレットの一場面と、映画や人気番組（『フィアー・ファクター』、『ザ・シンプソンズ』）の映像を見せて、どれが最高の喜びをもたらすか尋ねたのです（『講義録　上』七三ページ以下）。このような実験《テスト》には、サンデル教授のエンターテインメントの妙も現れます。

またロールズのリベラリズムについての議論のところ（第八回）では、ある学生が能力主義の立場からの主張を行ったのですが、それに対して別の学生から、「能力主義は社会的・経済的・文化的に良い家庭環境に恵まれていた人に有利ではないか」という反論が出されました（『講義録　下』五五ページ以下）。そして、サンデル教授はアメリカの上位の大学では実際に七〇パーセント以上が裕福な家庭出身であるということを明らかにします。さらに、生まれた順番によって勤労倫理や頑張り、努力の程度に差が生じるというある心理学者の説を紹介して、実際にこのクラスでも調べてみたところ、大半の学生が第一子でした。これは例年、おおよそ同じ結果であると言います。

つまり、能力主義の主張は「努力は報いられるべきである」というものですが、「このような生まれつきの違いは自分の力ではどうにもならないものであり、そのような恣意的な要素で富の分配が決められていいのか」という問いが、ハーバードの学生たちに自分自身のこととして突きつけられたのです。サンデル教授もインタビューでもふれていますが（八六―八七ページ）、「白熱教室」でもこれは極めて印象的な場面となっています。

能力主義の立場に立つある学生（マイク）とサンデル教授がやりとりしていたのですが、この実験《テスト》をしてみたところ、彼自身も第一子であることがわかり、彼の表情が変化します。実は、自分の主張は自分の立場に拘束されているのかもしれない〟という可能性が浮かび上がり、サンデル教授はここでその講義を終わらせています。これは、哲学的に深い意味を持つ実験《テスト》であると同時に、サンデル教授の素晴らしいエンターテインメントの醍醐味がうかがえる場面です。

アート⑥：チームを作って少数派の意見を積極的に引き出す

ある論点において賛成派と反対派のバランスが著しく偏ってしまった場合、少数派の学生からは強い意見が出にくいことがあります。こうした時にも、サンデル教授のアートが活かされます。

たとえば、リバタリアニズムへの反対意見が大きくなりそうな講義がありました（第三回、『講義録上』一一〇ページ以下）。そもそも、サンデル教授はリバタリアニズムには反対する立場ですから、それに賛成することは必ずしも容易ではないかもしれません。この議論はその前の回（第二回）から続いているのですが、講義やその間におけるブログの意見では反対論が数多く出てきたのです。

リバタリアニズムに関する賛成論と反対論の意見の相違点は、「言論の自由や信教の自由と同じように、自己所有権に基づいた経済的な自由は認められるかどうか。福祉のための課税は不正義かどうか」ということなのですが、インタビューで言われているように（六八―六九ページ）、〝この重要な論点について、より深い議論をさせるには、少数派であるリバタリアニズム擁護派からの強力な議論を引き出すことが必要だ〟とサンデル教授は考えました。そこで、リバタリアニズムのチーム（アレックス、ジョン、ジュリア）を結成させて、さらに自らもそちらに加わったのです。

こうすることで、少数派であるリバタリアニズム派の学生たちは積極的な発言がしやすくなり、多数の反対派との対話も活性化していきました。一〇〇〇人もの学生がいる教室では、少数派の学生は自分の意見を主張しにくい状況に置かれます。こうした状況を変えるために、サンデル教授はチームを組ませることで少数派の学生たちの負担を軽くして、彼らから強い発言を引き出すことに成功しました。これは、少数派の意見を積極的に引き出すためのアートと言えるでしょう。

アート⑦：正反対の意見を戦わせて議論を深化させる

インタビューの中でサンデル教授は、「講義では、どの哲学を取り上げる場合でも、最も強い賛成の議論と最も強い反対の議論を展開させることを主として試みている」（四四ページ）と言っています。具体的には、まず学生にあるひとつの哲学的立場からの発言を明確に言わせてから、それに対する強烈な反論を引き出していくのですが、時々学生同士である程度の長い時間議論を続けさせることがあります。そうすることで議論をより深化させようとしているのです。

この手法が最も効果的に生かされたのが、先ほど述べたリバタリアニズムのチームを結成させて多数の反対派の学生たちと議論を戦わせた時です。この講義の間、リバタリアニズム・チームは約一五分間立ち続けて、反対派の学生たちと対話を行いました。リバタリアニズム・チームを結成した三人の学生は、他の学生からの批判に果敢に反論を行い、その結果、「自己所有権と民主主義の関係・経済的な自由は言論や宗教の自由と同じく認められるべきか。成功した人は社会に借りがあるから福祉のための課税は正しいか。成功は幸運によるところがあるから福祉のための課税は正しいか」など、非常に興味深い論点についての議論が学生同士の対話の中から次々と生まれたのです。ある政治哲学上の立場について、学生同士で正反対の意見を徹底的に戦わせて議論を深化させていく。これもサンデル教授のアートと言えるものでしょう。

アート⑧：あえて自分の思想への反対意見を引き出す

講義において、最後の三回を除くと、サンデル教授は自分の哲学的・思想的立場を明らかにすることをほとんどしません。『正義論』のジョン・ロールズへの批判によって一躍有名になったサンデル教授は一般的にはコミュニタリアニズム（共同体主義）の代表者のひとりと目されていて、このことはほとんどの学生たちも知りえるでしょう。しかし、講義中にサンデル教授は、議論を活性化するために、あえて自分自身の思想に反する立場をとることすらあります。リバタリアニズム・チームに近づいて対話した時もそうですが、コミュニタリアニズムについての議論の時が最も印象的です。

この講義（第一一回、『講義録　下』一八五ページ以下）では、「愛国心のジレンマ」が主題だったのですが、この講義のブログなどにおける事前の議論で愛国心を「コミュニティの構成員としての責務」として擁護するコミュニタリアニズム派が多数いたので、サンデル教授は少数派に活発に発言させるために、愛国心批判派、コミュニタリアニズム批判派のチームを作りました。しかも、サンデル教授自身はコミュニタリアニズムの代表的論者として知られているのにもかかわらず、そのチームに加わって議論を進めたのです。ここは、講義全編のピークとも言えるような印象的な場面です。

このとき、コミュニタリアニズム的な立場の学生たちが、〝祖国を愛するのは、祖国がアイデンティティ形成において重要だからであり、偏愛ではない。『平和こそ愛国だ』というプラカードを掲げて抗議する人々は祖国を愛するからこそ抗議しているのだ〟（AJ・クマール）、〝祖国に対する愛があるからこそ、討論し人々と関わることができる〟（ラウル）という意見を述べました。このような愛国心を、サンデル教授は、「多元主義的・論争的・批判志向の強い愛国心」と呼びました。実は彼らの発言はサンデル教授自身の思想と近いのですが、サンデル教授はあえてコミュニタリアニズム批判派チームに加わってその難点を指摘していきました。教授は、〝普遍的な正義の原理とコミュニティの考え方が衝突した場合は、コミュニティへの忠誠心や責務が優先するのかどうか〟という問いを発して、さらに〝正義とは、ただ単に、その時代のコミュニティの多数派がたまたま是認している共通の理解や価値観や慣わしへの忠誠心に過ぎないのか〟という疑問を提起したのです（付論二二五—二二六ページ）。なぜサンデル教授は、このようなことを行ったのでしょうか。

これには、もちろん哲学的な議論を深めるということの講義自体の狙いもあるのですが、この授業が行われた時の時代状況（二〇〇五年）も関係している、と私には思われます。当時、アメリカはブッシュ政権の戦争下に置かれており、愛国法の制定からもわかるように愛国心が戦争推進の論理に使われている状況にありました。ブッシュ政権は戦争を正義とし、また一般国民の多数派はそれに賛成していました。愛国心肯定派の学生が多いということには、このような時代状況が反映していたかもしれません。そして、実際に、アフガニスタン戦争に関しては、正義の戦争［正戦］と擁護するコミュニタリアニズム的な論者も（マイケル・ウォルツァーなど）確かにいたのです。

これに対して、サンデル教授はイラク戦争などのブッシュ政権の戦争政策に反対していました。そこで、このような時代の風潮に対して批判的な考えを持っていたサンデル教授は、当時のコミュニティの多数派が信奉していた「正義」には単純に賛成できなかったのではないかと思います。ある意味で、当時のサンデル教授は、自分の考える正義と自国のコミュニティへの忠誠心というジレンマの中に立たされていた、とも言えるかもしれません。

愛国心に関する学生たちの前述の発言は、戦争を単純に煽り立てるような粗野なものではなく、愛国心に基づいて反戦の抗議を行ったり、討論を行ったりするというもので、いわば「批判的コミュニタリアニズム」とも言えるようなものです。しかし、サンデル教授は実際には思想的にはこれに近い立場にありながらも、あえてコミュニタリアニズム批判派チームに加わり、あえて正義とコミュニティ多数派の考え方とが衝突する道徳的ジレンマを浮かび上がらせました。そうすることによって、当時の緊迫した時代状況の中におけるある種のコミュニタリアニズムの難点をえぐり出し、それを超える道を示そうとしたように私には思われます。

ここには、〝自らの思想にあえて反対のスタンスを示してでも、いまここにある現実の問題を直視して、議論を深化・発展させていこう〟というサンデル教授のこの講義における一貫した姿勢がよくうかがわれます。そして、この後、結果的にコミュニタリアニズムをめぐる非常に深い議論が展開していくことになりました。

学生たちから見ても、この時のサンデル教授の姿勢は意外に感じたのではないか、と想像します。しかし、サンデル教授は自分に近い立場の問題点を指摘することで、結果的により高い段階の議論へと移行させていったのです。戦争下という緊迫した状況下における重要な議論となったこの議論は、思想的・教育的ドラマとしてこの講義全編における白眉とも言える瞬間であり、サンデル教授の最高度のアートが発揮された瞬間と言えると思います。

3　日本における対話型講義の技術《アート》

日本における対話型講義の可能性

対話型講義におけるサンデル教授が使用する様々なアートについて、代表的なものを幾つか挙げてみました。では次に、日本での対話型講義の可能性について考えてみましょう。

日本で対話型講義がほとんど行われてこなかった理由には、歴史的・文化的な要因が関係していると私は思います。まず歴史的な要因としては、明治維新以来、近代日本の教育は欧米の様々な知識・技術を日本が導入するということからスタートしました。教師側は欧米の知識を学生たちに伝えるということに長い間重点を置き、学生側もそうした知識を吸収してテストでいい点数を上げることが目的となってしまう面がありました。こうして、立身出世することが、勉強や学習の目標になってしまったのです。

もう一つが、文化的な要因です。日本を含む東アジアでは、たとえば論語における「子曰く……」のような、先生の言われることに従順に従おうという傾向があります。西洋でも「沈黙は金、雄弁は銀」という諺がありますが、日本の文化ではさらに沈黙が尊ばれてきたように思われます。このような文化的土壌では、学校教育も一方的な知識の伝達に偏りがちであり、〝議論や対話を行う。さらにそれを大規模に行う〟といったようなことはあまり考えられてこなかったのだと思います。

ヨーロッパにおいては、近代に入ると、公共圏において市民が議論を行いながら政治を変革させていき、それが民主主義を築きました。これは、歴史的・文化的に大きなブレイクスルー（突破）となったのです。しかし日本の場合は、明治維新や第二次大戦後に政治的な変革が起こりましたが、よく言われるように、それら、特に戦後の民主化は外的環境の変化によってもたらされた面があり、ヨーロッパやアメリカのような内側から起こった革命的な変化とまでは必ずしも言えません。

また、日本人自身も、「自分は対話が苦手だ」と思い込んできた面も少なからずあるでしょう。今でも外国訪問をしている政治家や財界人、サラリーマンなどを見ていると、「世界的にはやはり日本人は会話や対話が苦手な国民である」と感じる面も確かにあります。

もっとも、歴史的・文化的な要因も関係しているかもしれませんが、日本人の対話ベタには、訓練を受けていないという不慣れの問題も関係しているでしょう。たとえば中学・高校・大学で様々な訓練を行っていけば、対話能力は相当向上するのではないでしょうか。実際、若い世代を中心に英語などの討論《ディベート》が得意な人たちも増えてきています。いみじくもインタビューの中でサンデル教授が言っていたように、教授自身も若い頃に討論を非常に楽しんでおられました（二八ページ）。そして、東京大学での講義では彼の予想以上に積極的な発言が出され、活発な議論が繰り広げられ、日本人でも対話型講義における討論が可能であることも示されました（九九ページ）。

先述したように、私は、自分の対話型講義の実感として、これからは日本においても対話型講義が可能だと思っています。最近の学生たちはインターネットを使って、メーリング・リスト、ＳＮＳやツイッター、スカイプのチャットを利用したりなどして、様々なコミュニケーションをしています。

こうした変化の中に、実はとても大きな潜在的な可能性が秘められていると思います。

しかしその一方で、ある程度の人数を対象にした講義を行う大学などの教育機関の側では、いまだに昔からの伝統である「教師が一方的に学生に知識を伝える」というスタイルの講義しかしていません。現代の学生のコミュニケーションのあり方と大学の講義の間にこのようなギャップが生まれているように思います。

ですから、対話型講義を行うことによって、学生たちのコミュニケーション能力が、大学の講義、さらには教育全体においても活かされていく可能性があると私は感じています。インターネットでのコミュニケーションは、悪い場合には非難や中傷をもたらしやすいという難点もあります。また、底の浅い議論になりがちで、なかなか深い哲学的対話にはならないでしょう。このような難点を克服して、深い議論を可能にするためには、顔を合わせた直接のコミュニケーションが大事ですし、対話型講義はそのために重要な役割を果たしうるでしょう。千葉大学での経験では、教室内での対話だけでなく、学生たちが授業の後も引き続き、生き生きとした対話を続けている様子もしばしば見られます。こうした例を実際に見ていると、対話型講義の導入によって日本人の対話の能力が開花し、それがひいては質の高い民主主義にもつながっていくのではないか、と私は期待しています。

そして、これは講義という場だけに関係することではなく、日常的な対話そのものの活性化につながる可能性も秘めているかもしれません。「白熱教室」が旋風を巻き起こし始めた頃、私の大学にかかってきた電話の中で、ある女性から「あのような講義に参加できたら、自分も周辺の人たちとコミュニケーションができるかもしれない」というような感想を伺ったことがあります。これまでは、周辺とのコミュニケーションが難しいと感じていたらしいのです。ここには、無縁社会や孤族などと言われる日本の孤立化・原子化状況も反映しているのかもしれません。このような対話の不在や貧困を克服するためにも、対話型講義は重要な突破口となる可能性があるでしょう。

対話型講義の実践のために

ＮＨＫで「白熱教室」の解説を務めさせていただいてから、私のもとには、高校の先生などから「対話型講義を導入したいので、講演してほしい」というような要請も相次ぐようになりました。私が実際にやってみて今思うことは――サンデル教授も言っているように――対話型講義は、学生に自ら考えさせる教育であるという点で、まさしく本来の教育そのものであるということです。本来の教育とは、educateという言葉がラテン語の「*ē*（一から）＋*dūcere*（連れだす、外に導き出す）」に由来し、「内から引き出す」という意味であるように、学生たちが自らの内から内発的・自発的に思考することができるように促すことなのです。

ところが、日本の今の大学生は、小中学校と高校の時の受験に備えた勉強で、〇×式の発想が染みついていますから、先生が教える知識を聞いて覚えるという癖があるのです。そこで、「意見を言いなさい」と言われても、初めはどうしたらいいのかがわからず、困惑してしまいます。間違えたことを言うと×がつくと思っていますから、「正解である」と確信できれば発言するのですが、自信がない時は、何も話せなくなってしまうのです。「〇か×ではなく、自由に発言して、意見の違いを議論する」という習慣がないからでしょう。

ところが、大学での学習には、むしろ○×式で結論を出せないようなことも多いのです。専門家の中でも意見が分かれることは少なくありません。そして、実社会でもこのようなことは数多くあります。実際、政治的議論においてはほとんどがそうなのです。そこで、少なくとも大学では、このような「唯一の正解が専門家の間でも明確にはわからない」ような問題について考えて発言する習慣を身につけることが必要です。

特に、大学の人文社会科学分野においては、古典の解釈にせよ、現代的なテーマを考えるにせよ、○×式で答えが出されるようなものではないことが多いのです。ですから、学生たちには「完全な答えがわからないから、発言をしない」というのではなく、「自分の発言がすこし素朴なものだと思われても、高度な議論の出発点になる」ということを知ってほしいと思います。○×式の勉強方法で新しい知識を受け取るという発想を改めて、自分自身で思考してその結論をきちんと説明できることが大事なのです。こうした学ぶ姿勢は、本来は大学入学前に身につけてほしいのですが、いまの受験教育では難しいでしょう。だからこそ、対話型講義が重要なのです。

私も初めて対話型講義を行い始めた時は、これまで通常の講義で教えていたような「知識の伝達」が充分にできるのか、不安な面がありました。しかし実際に行ってみると、こちらが一から教えなくても、学生は関心を持つとある程度は自分で考え、調べます。その上で彼らの問題意識に対応するような学問的内容を教えれば、学生たちはすぐにそのエッセンスを把握し、かえって効率よく学習できることがわかりました。言い換えれば、同じ内容を教えるにしても、一部は学生たちの発言の中から引き出していくことができますし、それに対応するエッセンスを私の側から説明すれば、議論してきた学生たちはそれを短い時間で深く理解することができます。あとの詳細は学生たち自身で調べたりすればよい、と思うのです。そこで、対話型講義でも工夫すれば、当初思っていたよりも知識の伝達ができることがわかりました。

そこで、このような教育が広がることは、教育改革の要として極めて望ましいと思いますし、そのためには私も微力を尽くしたいと思っています。もっとも、日本の学生は確かに発言する習慣を持っていないので、対話型講義を導入しても、初めは活発な発言がなされないことが多いでしょう。実際に試みてみたものの、うまくいかなかったという声も聞いたことがあります。この状況を突破するためには、日本独特の工夫も必要だと思います。

そこで、以下に、私の実際の経験から、日本で対話型講義を成功させる秘訣、留意すべきポイントを参考までに幾つか挙げてみたいと思います。私の対話型講義はサンデル教授の講義をモデルとして始めたものなので、その方法は教授のアートと共通するところも多いのですが、日本の状況に合わせて付加したり若干は修正したりしているところもあります。日本の学生は、ハーバード大学の学生に比べて、対話や討論の経験が少なく慣れていないと思われるので、サンデル教授の手法をそのまま適用しても必ずしもうまくいかない可能性もあるでしょう。そこで、日本の学生の標準的な状況に合わせて、サンデル教授のアートを適用するための技法を考えてみたのです。

アート①：無理に当てない

学生・生徒が手を挙げて自ら話し出すのをじっくり待つことが重要です。当初は、聞いても学生たちが発言しないので、焦って、教師の方から指名して発言させることになりがちです。学生や講義の種類によっては、これでうまくいくこともあるかもしれません。けれども、日本の多くの学生は、○×式の教育に慣れているので、大人数の講義で発言して間違えることを恐れています。緊張するので、発言には勇気が必要なのです。そこで、対話型講義だからといって、次々と学生たちを当てて無理に意見を言わせようとすると、学生たちは萎縮してますます発言を避けるようになっていき、やがて学生たちは指名を恐れて授業に出席しなくなってしまいかねません。

そこで、私は、あくまで自発的に挙手する学生だけに発言してもらうようにしました。そして、発言するために挙手する人がいない時には、無理に当てることはせずに、次の話題に移っていくことにしたのです。この場合は、挙手する学生たちは何か発言することを予め考えているわけですから、安心して発言することができます。

このような手法を用いる背景には、やはり日本の文化的・教育的状況が存在します。アメリカの場合にはやはりいつも発言したがる過度に積極的な学生がいて、サンデル教授はそれに対する対処法の秘訣を述べておられます（六六―六八ページ）。日本にもそういう学生もいないわけではありませんが、それよりも「シーンとしてしまって手が挙がらない」という状況のほうが起こりがちです。ですから、これに対する工夫が大事だと思うのです。

あくまでも、学生たち自身が発言する意思を持った時に発言をさせる。これを出発点に置いたらどうでしょうか。私の講義では、かなり多くの学生が手を挙げるようになった後で、一度発言した人については、もっと議論を深めるために、サンデル教授がされているように、もう一度発言を促したり、意見を聞いたりし始めました。その点では若干、より高度な段階に移行したのですけれども、出発のところは学生たちが自由闊達に話す雰囲気を作るところに意を用いました。

アート②：考えさせる時間を与えて指名に一呼吸を置く

また、発言に際しては、充分に考えさせる時間を与えることも必要です。質問してすぐに手を挙げる学生を指すと、どうしても一部の積極的な学生に発言が集中しがちになります。あまり積極的ではない多くの学生は、ゆっくり考えてから発言する気になることが多いからです。

「白熱教室」の映像を見ると、サンデル教授が質問してから、すぐに学生が手を挙げてすぐに指名しているように見えます。でも、実際にハーバード大学の講義「正義」を聴講したところ、教授は指名するまでに一呼吸を置いて、より多くの学生が手を挙げるのを待っているように見えました。

本書のインタビューでも、サンデル教授はいつも手を挙げ続けている学生はあまり指さないというアートを説明しています（五七—五九ページ）。このアートは、日本での対話型講義でも有意義だと思います。

アート③：「イエス／ノー」などの質問をして挙手させる

イエス／ノーの質問をすることで、学生たちの間で講義に参加する雰囲気を作ることができます。

初めは、教室の雰囲気が堅く、なかなか発言が現れないかもしれません。このような時には、まず、二者択一の質問を行い、学生たちに挙手させて意思表示させるといいでしょう。単に挙手するだけなら、多くの学生が参加できます。その後で、積極的な学生に意見を述べてもらうのです。この方法はサンデル教授もよく使っていますが、教室の雰囲気を和らげるためにも効果的です。これは緊張を解くという意味から「アイスブレーク」という表現で呼ばれることもあります。

前述のように、対話型講義の目標は、この当初の意見が対話や議論によって、深化・発展したり変化するところにあります。この点を確かめるためには、一通りの議論が終わった後で、もう一度同じ質問をして、挙手してもらうことも有意義です。この結果、どちらかの考え方が増えていたり減っていたりすれば、この際の対話や議論によって、このような変化が生じたことになりますから、学生は対話の効果を実感することができるでしょう。

アート④：学生の意見を否定せずに生かす

すでに述べたように、学生たちは自分の意見が間違っていることを恐れています。そこで、どのような意見でも一度は受け入れて生かす気持ちが大切です。私は、事実関係が誤っている時にはそれを正すことはありますが、よほど問題がある場合を除けば、思想的な論点については「あなたの考えは誤っている」とは頭ごなしには言いません。そうすると、萎縮して学生たちは自由闊達に意見を言わなくなってしまう恐れがあるからです。

実際、学生たちが出す多様な意見には、それぞれ何らかの意味があることが多いのです。それを信じることも大切です。思想的な立場には様々な可能性があって、多くの場合、ある一つの考え方以外は間違えているということは必ずしもありません。それぞれの考え方が発展していくことができるという発想のもとで、議論を展開していくことが大事だと思うのです。

学生たちの方から見ても、せっかく考えたことがいきなり「間違いだ」と教師に言われてしまうと、「みんなの前でまた言おう」という気は起こりにくくなるだろうと思います。ですから、内側から学生たちの積極性を引き出すように、学生たちの言うことを活用しながら、発展させていくような形の討論に持っていくのです。

実際には、学生たちは自分たちの意見を明確な論理で表現できずに、矛盾したことを言っていたり不明瞭な意見を発言することも少なくありません。そのような時は、学生の意見を傾聴して、その本来言いたいことを想像して捉えることが重要です。稚拙な意見と感じた場合でも、それを否定したり捨て去るのではなく、教師が言い換えて展開し、有意義な意見に展開すればいいのです。

学生は、その言い換えられた議論を聞くと、自分の素朴な考え方に実は有意義な論理が胚胎していたことに気づきます。それに勇気づけられて、次には、より論理的に自分の意見を表明しようと努めるようになるかもしれません。そして、哲学の深遠な思想とも通底する議論を自分でも考えることができることに気づき、学生たちは自信を持ちます。そして学問に興味を持って、自ら調べたりして、考え、学ぶようになるかもしれないのです。

このような言い換えのアートについては、サンデル教授の「アート①」としてすでに述べましたが、日本でも積極的に活用することができますし、学生たちを勇気づけるためにも非常に有用です。そこで、私は、学生たちの意見が高度な思想を考える出発点になることを、様々な議論を補いながら、学生たちの意見に応答しながら説明するように心がけています。

たとえば、ある学生が「功利主義」の立場からの議論について、素朴な意見を言ったとしましょう。それが論理的に不十分であっても、私が論理的に明確であるような形で言い直せば、学生は「自分が言いたいのは、こういうことだったのか」ということがわかり、俄然、やる気が起こるのです。初めから完全な議論ができなくとも、学問的に大切な方向に展開できることに自信をもち、勉学への意欲がわくのです。

また、学生が語る内容は、新しい議論の出発になることもあります。サンデル教授の「アート④」と共通ですが、「この点について、みんなの意見を聞いてみよう」と臨機応変に新しい展開を示唆すると、議論は盛り上がります。これまであまり発言できなかった学生も、私のコメントや質問の展開に勇気づけられて活発に発言するようになるのです。「次の講義ではきちんと発言できるようにしよう」と事前にいろいろなことを調べてくるようになるかもしれません。

アート⑤：事前の準備の工夫

学生たちはいきなり意見を問われてもすぐには反応できないことも多いので、予め事前に話題とする事例などについて示しておくといいと思います。興味を持つようになると、学生たちは自分でも調べてきて、意見を言うようになります。ハーバード大学の講義では、後述のように事前に学生たちに題材を与え、本格的に準備させておきます。教育システムが違うのですぐには日本の大学では同じようにするのは困難なのですが、可能な範囲内で、題材について準備させてくることが理想です。

サンデル教授も、題材を時間をかけて集め、考えています。インタビューでは、道徳的ジレンマの事例を日々様々なメディアから収集していると語っています（六一―六四ページ）。また、東京大学の特別講義や日本テレビの番組の際に、私は事前に教授に聞かれて意見や情報を述べ題材を共に考えて話し合いましたが、教授が事例や道徳的ジレンマを考える場に居合わせて、教授はこの点に大きなエネルギーを注いでおられ、このような題材を思いつくことにも天才的な才能を持っておられることをまざまざと感じました。たとえば、東京大学講義における高校教師とイチローとオバマ大統領の報酬の問題とか、「親が大量の寄付を行う学生を東京大学に入学させるか否か」という問題とか、「アメリカの原爆投下について、戦後に生まれた大統領が謝罪すべきかどうか」といったような問題を、次々と思いつかれていくのです。このような題材の着想に、大きな独創性があるのです。普通はなかなか教授のようにはいかないでしょうが、なるべく題材の選択に工夫をすることが望ましいでしょう。

学生たちの意見に応じて、教師には毎回アドリブ、即興で対話を行う能力が求められますが、教授が言われているように（六四―六五ページ）、議論の目的やその論理的構造は明確に認識しておかなければなりません。そして、ある程度は事前に議論の流れを想定しておくことも有意義です。その通りには展開しなくとも、そのような想定を行っておくことによって、議論を適切に制御することができるでしょう。学生の意見によって議論の展開は様々に変化するので、そうした状況に臨機応変に対応するために、議論の流れを複数想定しておけばさらに良いでしょう。

アート⑥：最後に意見を整理して説明する

様々な意見を学生から出させたあと、教師が全体の議論を整理して論理を明確にして総括することが望ましいと思います。個々の発言について言い換えたり説明を補ったりしているにしても、講義全体としての論理構成はそこからはわかりません。中には重要な発言も、そうではない発言もあるからです。そこで、重要な発言に言及しつつ、教師の観点から全体としての議論の展開を総括することによって、学生たちは重要な論理を整理して認識することができます。これがないと、学生たちは、自分たちの様々な議論がどのように位置づけられるのかわからなくなり、せっかく講義で議論しても、思考が整理されて高まらず、混乱状態に陥る危険もないではありません。

サンデル教授も、大抵、毎回の講義の最初や最後に、それまでの講義の論点を整理して必要な知識を説明しています。ここで、過去の代表的な哲学者の議論なども紹介することが多いのです。

講義である以上、一定の知識を伝達することも必要です。それを初めから一方的に教えるのではなく、学生たちの自発的な議論を踏まえて、それに関連させて説明すると、その知識は学生たちに容易に理解できることが多いと思います。たとえば、ある学生の発言がロックの論理に近いとすれば、その学生の意見を議論した後で、ロックの政治哲学のエッセンスを簡単に説明するのです。そうすれば、初めからロックの思想を説明する場合に比べて、短い時間でそのエッセンスを自然に理解することができるのです。もちろん、時間的に短く説明する必要が生じる場合がありますが、重要な点を説明すれば、あとは参考文献をあげることによって関心のある学生たちは自分で調べることができるようになるのです。

なお、この総括的な整理においては、無理に結論を出そうとせずに、あくまでも意見を整理して、自分の考えは軽く示唆する程度にとどめておいた方がいい場合も多いでしょう。こうすることによって、教師の意見の押しつけを避け、さらに学生に考えさせることができるからです。

アート⑦：学生の練度に合わせて段階的により高度な技法を用いる

日本の学生たちは高校までに対話型で討論しながら発言することに慣れていない場合が多いので、初めは学生たちに余り負荷がかからないように対話を行い、慣れてきてから、より高度な議論に移ることが必要でしょう。

まずは、学生たちに積極的に発言してもらうことが最初の課題です。これが第一の壁だとすれば、第二の課題は、発言内容を質的に高め、講義内容を、より高度なものにしていくことです。第一の壁を乗り越えてから、第二の壁に挑戦すべきでしょう。

この「アート①」で「無理に当てない」と書いたように、私は当初の段階では、手を挙げた学生にしか当てませんでした。ただ、第二の課題を克服するために、より高度なアートを用いるためには、一定の学生には教師の側から意見を尋ねることも必要になります。たとえば、サンデル教授の「アート③」のように、ある学生の論理を徹底的に展開させるためには教師の側から学生に繰り返し尋ねることが必要になりますし、同様にサンデル教授の「アート⑥、⑦」のようにチームを作って討論させるためには、たとえばそのチームは立たせておいて、そのチームの学生たちには教師の方から意見を尋ねることも必要な場合があるからです。

このような方式を行うためには、学生が答えを用意していない問題を尋ねられても臆せずに応答することが必要になります。そこで、当初の段階では、私はこのような方式は用いませんでした。あくまでも、手を挙げた学生にしか当てなかったのです。でも、講義が後期に入り、発言の多い学生たちが慣れてきて、底力が付いてきたように感じたので、次第にこれらのサンデル教授のアートを試してみました。

といっても、すべての学生に対して、手を挙げなくても当てるのではなく、繰り返し発言する積極的な学生に限って、こちらから尋ねるようにしたのです。たとえば、私の講義で、功利主義やリバタリアニズムやリベラリズム、コミュニタリアニズムの立場を代表している学生がそれぞれいたのですが、それらの観点からの見解を聞きたい時には、その学生に尋ねたり、それぞれの思想を代表する学生相互で議論してもらったりしました。

NHK教育テレビの「白熱教室JAPAN」で放送された私の講義は、このような段階の議論でした。ですから、チームを作っての議論や異なった立場の相互の議論もなされていたと思います。積極的な学生たちは、このやや高度な方式の対話にも充分に応えてくれ、有意義な議論を展開してくれたと思います。

もっとも、私の講義では、すべての学生がこの水準まで到達したというわけではありません。放送では、三〇人くらいの学生しか映っていなかったので、視聴者の中にはやや小規模な講義であるように感じられた方がいるかもしれません。実は、通常は一〇〇人を超える学生が参加していたのです。ところが、NHKの収録が入る日になると、急に出席人数が減少してしまったのです。私はこのような事態を予期していなかったので収録当日には少し困惑しましたが、収録が終わってから後の回では、再び人数は元に戻りました。つまり、私の講義の学生には、テレビカメラで収録されて全国放送がなされると知ると、そこに参加して発言することを避ける人が少なくなかったのです。「テレビに映りたい」というような気持ちの学生が多い大学の講義なら、事態は違ったかもしれません。でも、千葉大学には真面目な学生が多いので、このような現象が生じたのでしょう。

考えてみれば、通常は、教師である私が学生の発言を否定したりせずに、それを再構成して有意義な議論としているので、学生たちは安心して発言できるわけですが、全国放送となれば、私が批判したりしなくとも、その発言内容の妥当性や質は視聴者から直接判断されることになってしまいます。ですから、自信のない学生や消極的な学生は、それを避けたいと思ったのでしょう。

ですから、あくまでも学生の状況や心理に応じて、対話のアートを用いることが重要です。まだ慣れていない学生に対して、挙手していないにもかかわらず教師の方から指名すると、その学生は心理的な負担を感じてしまうでしょう。それに対して、慣れてきた積極的な学生に対しては、すでにその学生が発言して自らの立場を明らかにしている場合には、教師の側から時には指名しても大丈夫でしょうから、サンデル教授の高度なアートを用いることも可能だろうと思うのです。

以上のようなアートは、基本的にサンデル教授の講義法を日本で行おうとする際のものなので、いわば日本における「サンデル型対話型講義」のための技法と言うことができるでしょう。序で述べたように、日本でも他にも対話型講義の試みは行われており、サンデル型ではないそれらの「日本の白熱教室」からも対話型講義の方法を学ぶことができるでしょう。

たとえば、『SAPIO』編集部編『マイケル・サンデルが誘う「日本の白熱教室」』（小学館、二〇一一年）では、「グループ・ディスカッションやペア・ワークをさせてから、グループ・プレゼンテーションをさせたり個々の学生に発言させる」とか「事前にレポートや感想文を書かせてから対話を行う」とか「映画、マンガ、テレビなどを見せてから対話を行う」といったような様々な手法が紹介されています（同書、一二三ページ参照）。また、政治哲学や道徳哲学の講義ならば、DVDなどを用いて、私が初めに行ったように、サンデル教授の「白熱教室」そのものを見せながら、対話型講義を進めていくことも可能でしょう。これは、インタビューで述べられているように、サンデル教授やハーバード大学が講義の公開にあたって予期していることでもあります（八〇―八一ページ）。こういった多様な方法を参考にしながら、日本の状況にあった対話型講義が進展してゆくことを期待したいものです。

4　対話型講義による教育改革を

サンデル講義を支えるハーバード方式

このような技法を用いることによって、日本でも対話型講義を実践することができるでしょう。ただ、「白熱教室」のような高い水準の議論を学生たちが展開するようになるのは容易ではありません。もちろんハーバード大学の学生たちは知的に非常に高い水準にありますから、日本の大多数の大学で学生たちがあのような水準の議論を自ら展開するのが困難なのは当然と思われるかもしれません。しかし、「白熱教室」の議論の水準が高いのには、もう一つの重要な理由があります。あの講義の質を支えているのは、ハーバード大学の独自の教育システムなのです[6]。

ハーバード大学では、サンデル教授の行われているような大規模講義は単独で行われているのではなく、サンデル教授がインタビューで語っておられるように（三八―四一ページ）、「セクション（section）」と言われる少人数のクラスと連動する形になっています。セクションは日本の大学で言えばゼミのようなもので、いわば大規模講義とゼミとが連結しているわけです。学生は講義を受講するとともに、基本的にはこのようなセクションに参加することが必須とされています。

サンデル教授の講義「正義」の場合は、週に二回講義があり、一回セクションがあります。そこで、一つのこのコースにつき、週三回の授業に出席することが必要になります。このように一コースでこなさなければならない学習量が非常に多いので、学生が履修できるのは各学期において通常四科目、多くとも五科目のみに限られています。日本の大学の場合は、たとえば学期あたり一三から一五くらいもの科目を履修することになりますが、ハーバード大学では一科目の学習量が多いので、科目数は少なくなるわけです。ですから、サンデル教授の講義を受講している学生は、日本の通常の大学の一つの講義に比べて、はるかに多くのエネルギーと時間をあの「正義」の講義とセクションに費やしているわけです。

セクションは、ティーチング・フェロー（TF：日本で言うティーチング・アシスタント）と言われる人に指導されています。TFは、主としてその科目を専門としている博士課程などの大学院生（稀には学部の上級生）です。サンデル教授の場合、セクションは一八人からなっているので、約一〇〇〇人の講義だと五〇以上のセクションが存在することになります。TFも三〇人くらいいるようで、一人が通常は二つのセクションを指導しています。TFは政治哲学の専門の院生だけでは足りないし、その全員が適性を持つわけではないので、毎年サンデル教授は面接して、関連する学問的知識を持つ志望者の中から選抜すると言われていました。TFは相当の報酬を大学から得ており、これだけで学費の相当部分をまかなうことができるようです。それだけに、TFの仕事は重大で、彼らはこの仕事に真剣な熱意を注いでいます。

講義を行う教授と、TFとが密接に相談しながら、一つのコースの講師陣を形成することになります。TFはガイダンス、レポートや論文の添削・評価、中間・期末試験の評価などの役割を委ねられており、学生に対する指導をしています。講義の補足説明や、必読の課題文献の内容の確認や検討、議論、質疑などもしているのです。

サンデル教授の講義「正義」の場合は、二〇一〇年度は月曜日の講義の後の昼食時に一時間ぐらい、TFの会議を開いて、サンドイッチなどの軽食を食べながら、TFたちはセクションの指導について議論し、相談していました。TFの中でも指導的な役割を果たすヘッド・ティーチング・フェローが存在し、このフェローが司会をするような形でTFの会議を運営しており、サンデル教授はそれに同席していて、ヘッド・ティーチング・フェローに時に尋ねられて意見を述べるという感じでした。通常は、TFたちがセクションで充分に教えられるように、実際の講義の中身について、より深く理解できるように議論が行われるそうです。

私は、ハーバード大学に行ってサンデル教授にインタビューした際にこの会議にも参加させてもらったのですが、ちょうど年末で学期末の頃だったので、この会議は期末の評価についてその基準を詳しく相談し、評価基準の統一を図るものでした。ヘッド・ティーチング・フェローが用意した文書には、評価基準が細かく整理されていました。それは、命題《テーゼ》の質（quality of thesis）、構造（structure）、哲学的概念の明確な提示（grounding philosophical concepts）、哲学的概念の適用（applying philosophical concepts）、反対議論の使用（use of counterarguments）といった基準で、これらのそれぞれにおいて答案はA、Aマイナス、Bプラス、B、Bマイナス、Cプラス、Cというように七段階に評価され、総合的な採点がなされるようになっていました。これらの基準は、サンデル教授のアドバイスの下でTFや書き方の専門家が作った通称"Writing for Justice"（講義「正義」のための小論の書き方のガイド）に基づいて、毎年改訂されながら受け継がれているようです。

TFの会議では、過去の模範小論の例なども参照しながら、これらの評価基準をTFが共有するように丁寧な説明や議論が行われていました。学生の立場には様々なものがあるわけですから、たとえば「その学生がその思想的立場を採用する理由。その観点からどのように自分なりの議論を発展させているか」といった点をTFは見ていくわけです。ですから、リバタリアニズム、コミュニタリアニズムなどの思想家の誰かの説をそのまま書いても、その立場を採用する理由がはっきりしていないと評価は高くないのです。逆に結論に至る論理的な一貫性・統一性が明確な小論や、オリジナルの議論は高く評価されます。このように、学生の思考をよく見て評価をしています。

私はこの会議を見て、日本では答案などの採点をティーチング・アシスタントなどに任せることは考えられないですが、ここまですれば確かにTFが採点を行うことも可能だろうと感じたのです。サンデル教授は、当初は一人で採点していましたが、講義の人数が多くなりすぎて一人では採点できなくなったので、このようなシステムを作られたそうです。

このようなシステムのもとで、ハーバード大学の学生は、一回の授業について、通常五、六の論文か本を原本で読み、週三〇〇ページほどの必読文献を課せられることも多いといいます。サンデル教授の講義「正義」の場合は、週一〇〇ページぐらいだそうです。その必読文献を書籍として発行したのが、私がNHKの「白熱教室」の解説の際に手にしていた厚い本『正義──読本』[7]です。だから、あの講義の受講者は、事前に大量の必読文献を読み、しかもセクションでTFのもとで議論も行っているのです。その上で、あのサンデル教授の大規模講義で発言しているのです。

また、ハーバード大学では受講者と教師チームが自由に書き込めるブログがあり、そこでも議論が行われています。サンデル教授もそこの意見を読んでいて、面白いものがあると、講義で学生にその意見を言わせて議論を開始することもあります。「白熱教室」でもそのような場面がありました。「白熱教室」の学生の発言の質の高さは、このような学習システムによって支えられています。事前に多くの関連文献を読んでいるわけですし、自分の議論についてはTFの丁寧な指導によって発展させることができますし、ブログでの議論も可能です。だからこそ、あのように「白熱」した良質の議論ができるのでしょう。

ハーバード方式の導入を

ですから、「日本の白熱教室」でいかに学生たちが自発的に頑張っても、すぐには「白熱教室」のような議論ができないのは、むしろ当然です。日本の大学では、そもそも必読文献もさほどは存在しませんし、何よりも講義と連携するようなゼミや、そこで指導するようなティーチング・フェローはほとんどいないからです。

そこで、「白熱教室」のような高度な対話型講義を実現するためには、日本でもこのような教育システムを取り入れるべきではないか、と思います。このためには、ティーチング・フェロー（アシスタント）や少人数のゼミ（セクション）といった人員および制度の充実や科目数の削減など、大学における教育システムの整備・変革が不可欠となるでしょう。ティーチング・フェローの導入ないし充実には、その報酬を充分に支払うために相当額の予算が必要になります。ティーチング・フェローが一定数存在しなければ、学生に対する丁寧な指導や、講義におけるマイクの受け渡しなども不可能です。

このような教育システムは、教師養成という点でも、大きな効果を発揮します。これまでは、日本では研究者が就職して大学の教師になっても、教師としての訓練を受ける機会はほとんどありませんでした。大学院では、研究の方法を教わるだけで、教育の方法は教わりませんでしたから、教育は教師になってから見よう見まねで試行錯誤して行うことになります。これに対して、ティーチング・フェローの経験を積めば、その講義の指導方針を学ぶことができますし、ゼミでは学生を教える経験を持つことができます。それは、フェローたちにとっては、教える経験を通して学問をより深く学ぶ場ともなるでしょう。このような中から、優れた対話型講義の教師が輩出されていくと期待できます。

日本でも、ティーチング・アシスタントの制度は導入されてはいるのですが、報酬も充分ではありませんし、制度として十分に発達はしていません。日本の場合、基本的には教授が講義をする資料を作るというような補助的な業務に回っています。それに対して、サンデル教授の講義の場合は、ティーチング・フェローはセクションの議論を指導して評価にも関わるのですから、非常に責任が重いのです。だから、彼らの会議を見て、そのフェローたちは強い責任感、熱意を持って、任務を遂行していると思いましたし、この制度は彼らの能力を引き出して彼ら自身の教育にもなっていると思います。

このように、対話型講義は、学生の学ぶ意欲を高め、いずれは大学教師のレベルも向上させます。ティーチング・フェローにとっては学生を指導することによって教える能力が高められるので、研究・教育者養成につながります。教育・研究を活性化させるために、日本の大学は対話型教育を積極的に活用すべきでしょう。ですから、政府や各大学には、本格的な対話型教育の導入のために、ティーチング・フェローの制度の導入ないし充実をはじめとして、必要な措置を国家規模で本格的に検討し、決断してほしいと思います。

このような方向を目指して、千葉大学の私の講義では、ハーバード方式の導入に向けて、来年度(二〇一一年度)は実験的な試みを行うことにしました。私の講義に対応するゼミを複数設けて――カリキュラム上、義務づけることはできないのですが――私の講義の受講生には、そのゼミの一つをなるべく受講することを勧めます。ティーチング・フェローという制度は充分にはないので、その代わりに非常勤講師などを雇って、講義のサポートをしてもらうと同時にゼミの指導をしてもらう予定です。

このような方法を導入すれば、対話型講義における議論の質はさらに上がるのではないでしょうか。私の講義では、先述したように、すでに第一の壁（学生たちが発言できるようにする）は突破できることは実証したと思いますが、これによって、先述した第二の壁（高い質の議論を行う）をも完全に突破して、今年度後期以上の質の高い議論を実現し、教師のアートと教育システムが整えば、日本でも質の高い対話型講義が可能であることを実証してみたいと思っています。

本来の教育能力の向上

現在、大学教育の方法について、FD（ファカルティ・ディベロップメント）ということが強調されています。これまで日本の大学の教師は、教育の方法を身につける場がなかったので、それに対する対策という意味も持っています。

かつては、大学生は自分の力で学ぶものと考えられていたので、大学教師はあまり授業の方法は工夫しませんでした。ところが、最近の学生は自発的に勉強しなくなっているので、教師が高校までのように親切に教えるように求められているのです。たとえば、「毎回の講義にレジュメを用意して具体的な内容を記しておく。パワーポイントなどを用意して、講義をわかりやすくする」というようなことが大学教員たちに勧められています。

これは、学生が自発的な学習意欲を持たないことを前提にして、教師がそれに合わせて降りていって教えようとする方法と言うことができるでしょう。問題は、このような方式だけでは、いつまで経っても、学生たちが自発的・能動的に学ぶ力が身につかないということです。学生たちが自発的に学ぶ力をなくしてしまっているのは、前述したように、高校まで○×式の教育に慣れてしまっているからです。受験勉強では、カラフルで丁寧な教材や参考書があり、たとえば予備校や塾の先生方は可能な限り親切に教えてくれますから、そのような教育に慣れているのです。今のファカルティ・ディベロップメントは、そのような教育の方式を大学に持ち込んで、大学教師も高校までのように教えることを求めているという気がします。いわば、大学の高校化が進んでいるのです。

しかし、これでは大学教育が高校までの勉強のようになってしまい、学生の積極的な学習意欲を引き出すことにはなりません。教師が丁寧に準備したレジュメを見ながら知識を覚えるだけになってしまい、やる気が起こらない学生も多いままでしょう。学生たちの要望に応えるといいながら、学生たちを甘やかすことにもなりかねません。

対話型講義は、こうしたファカルティ・ディベロップメントとは方法も成果も異なります。講義は毎回、学生の発言に応じて進んでいくので、議論の展開は事前に完全には決められません。ですから、学生に「あらかじめこのテーマについて議論するから文献を読みなさい」と勧めることはできますが、前もって詳細なレジュメは作りようがないのです。

そもそも、大学の教育では、完全な正解はないことが少なくないのですから、○×式の教育とは方法を変えなければならないのです。遅くとも、大学のレベルになれば、学生たちは、必ずしも正解が確定していない問いに対して、自らの頭で思考し、自発的・能動的に学ぶことを身につけなければなりません。この力を育てるのが、対話型講義なのです。

また、教師たちに求められることも異なります。ただ丁寧に教える準備をするだけでは、自らの知見や洞察力を高めることがなおざりになりがちです。大学教師は通常、研究者でもありますが、親切な教育ばかりを追い求めていたら、研究に向かう時間が取れなくなってしまいかねません。

ところが、このような教師では、対話型講義は充分にはできないのです。対話型講義では、学生の様々な意見に対して臨機応変に対処することが必要ですから、教師の内に、それに対応する深い蓄積が必要です。その蓄積は、日々の研鑽の中で培う他はありません。

サンデル教授は対話型講義の名手ですが、もちろん、そもそも政治哲学の研究者として世界の第一人者であって、学問そのものにおいて世界をリードしているのです。そのような研究者にして、初めてあの芸術的なまでの華麗な対話型講義ができるということを忘れてはならないでしょう。

つまり、研究者として、さらには一個人として、深い見識や洞察があって初めて、優れた対話型講義のアートを駆使することができます。深い識見に支えられた、本来の教育能力の向上こそが求められます。これこそが、対話型講義の目指すところであり、対話型教育の求められる所以でもあると思うのです。

真の教養教育の復権を

私は、こうした対話型講義がどんどん広がっていけば、日本の教育現場、ひいては日本社会全体を変えていくことになると確信しています。その見通しについて述べてみましょう。

近年、「大学改革」が推進されてきましたが、私はその結果、大学はむしろ本来の姿から離れてしまったと思っています。その思想的な理由は、近年の「大学改革」が、ネオ・リベラリズム、言い換えれば政治哲学でいうリバタリアニズムの思想の影響を受けたものだったからです。この思想は、経済的な効率性を重視して民営化や規制緩和を主張しますので、大学においてもそのような「改革」が推進され、国立大学も独立法人化することになりました。

しかし、ここにおいては、本来の大学の理念、教育の理念というものが忘却されていたと思うのです。やはり「大学改革」は、サンデル教授が強調する目的論的思考に基づいて考えれば、大学や教育の本来の「目的」から考えなければならないのではないでしょうか。

たとえば、今の日本の大学では、詰め込み型ないし実務志向・実用志向の専門教育が優先され、思想や哲学を土台とした教養教育は形骸化しつつあります。「教養科目をどう教えていいのかわからない」という教師も少なくありませんし、教養科目や一般教養課程（教養部、一―二年次）そのものが廃止ないし縮小されています。しかしこれでは「自分で考える」「他人と議論する」といった基本的な訓練ができないまま、学生たちが卒業してしまうことになりかねません。しかも、一般教養教育では、「人生をどのように生きるか」「世界をどのように見て、どのように関わるか」というような人間として根源的な問いを扱います。このような問題に直面せずに社会に出て行くことは、人生そのものを有意義に生きる上でも惜しまれることだと思います。

対話型講義が最も効果的に機能するのは、まさにこうした教養的な科目です。専門性はそれほど深くないにしても、一般の市民が議論するようなトピック（論題・話題）を扱うので、入学したばかりの大学生が議論をするには最も適切なのです。

そもそも、ハーバード大学の学部教育は、いわゆるリベラル・アーツ教育であり、リベラル・アーツは、自然科学・人文科学・社会科学を包括していて、学部課程の内は一般教養を中心にしているのです。日本の大学では学部として独立して存在している教養学部はわずかしかありませんが（東京大学、国際基督教大学など）、ハーバード大学の学部はすべてが教養学部と言ってもいいでしょう。

ですから、日本の大学と比べれば、「①入学時には専攻を決める必要がなく、②『学部』という概念が存在せず、大学が提供するコースはすべて受講可能であり、③実用的なビジネス、医学、法学は取り扱わない」といった特色があります。[8] つまり、学生はハーバード・カレッジ（Harvard College）の学生として入学するのであって、大学院やプロフェッショナル・スクールも含めた大部分のコースを履修することが可能なのです。

ですから、サンデル教授の講義「正義」はまさにこの一般教養教育そのものの講義であり、インタビューでも言われているように（八一―八二ページ）、全学の学生が受講することができるのです。その中には、人文社会科学志向の学生だけではなく理系志向の学生も含まれているわけです。「白熱教室」で教えている内容は政治哲学ですが、これは政治学を専攻する学生だけに向けられたものではなく、全学の学部生を対象にしています。そしてその内容も、まさに一般教養として全ての学生が考えるべきことだろうと思います。だからこそ、実際に、視聴者の皆様も、特に政治学に関心がなくとも、その内容に引き込まれて見たのではないでしょうか。

そこで、私は、「サンデル教授のような対話型講義が、日本に本来の教養教育を復権させる鍵になるのではないか」と思っています。前述した「日本の白熱教室」の事例を見ても、哲学・倫理学・宗教、そして政治といったような科目で、対話型講義が行われています。これらは、一般教養教育でも、鍵になる科目でしょう。

サンデル教授の場合と同じように、「日本の白熱教室」で講義されている先生方は、そう簡単には答えが出ないけれども誰もが必ず直面するような問題に挑戦して、学生たちの活発な関心を引き出しておられます。こうした議論を体験した学生は、専門分野に進んだ時にも、生き生きと勉強するようになると思いますし、また社会に出ても創造的な仕事ができるはずです。

ですから、私は、今後、真の「大学改革」を推進するためには、教養課程ないし教養科目を再び重視し、その中核にサンデル教授のような対話型講義を設けたらどうか、と思うのです。そうすれば、入学した学生がそれを受講することによって、自ら思考し発言することができるようになり、専門課程も含めて、大学で学問を十全に学ぶことができるようになるのではないでしょうか。

日本では、教養科目や教養学部は専門科目や専門学部より低く見られる傾向すらありますが、サンデル教授がいわば教養学部で教えているからと言って、それを蔑視する人はいないでしょう。私は、むしろ教養科目の教育は専門科目以上に尊重されるべきであり、その優れた教師は尊敬に値すると思うのです。

本来の教育改革に向けて

もちろん、対話型講義が有意義なのは、一般教養教育だけではありません。私の講義「公共哲学」が法経学部の専門課程に置かれているように、専門教育でも、分野や主題によっては充分に対話型講義を行うことができるだろうと思います。

もちろん、「対話型講義がどんな講義でも適用できるか」というと、特に対話型講義に向いている領域と、必ずしもそうでない領域があるだろうとは思います。たとえば、ハーバード大学で、実用的なビジネス、法学、医学などはプロフェッショナル・スクールに任せて学部では扱わないとしているように、高度に専門的な講義だと、一定程度の知識を正確に伝達することが重要ですから、対話型講義は必ずしも向かないということがありうるでしょう。たとえば、法学などは技術的《テクニカル》な学問なので、細かな条文解釈などを全部対話型で教えることは困難でしょう。

もっとも、これらの科目でも、対話型講義を部分的に導入することは、充分にありうるでしょう。そもそも、近年日本でも開始されたロースクールでは、ソクラテス・メソッドといって、対話型の教育を教室で大幅に導入することが謳われています。知識の伝達が重要な分野でも、ある程度知識を伝達した上で、ケース・メソッドとして対話型の講義を行うことは可能でしょう。また、対話型講義に向かないと思われがちな理系の領域でも、実例(9)を見ると、少なくとも教養的・導入的な講義では、充分にその可能性があるように思われます。

まして、その他の人文社会科学系の分野では、専門科目でも相当に幅広く対話型講義を導入する可能性があるだろうと思います。講義の全体で導入することが難しい場合でも、たとえば講義の導入部分で対話型を用いたり、ある程度知識を伝達してから一部で対話型を行うことも可能でしょう。

私の対話型講義でも、二〇一〇年度の最後の方では、その講義で教えるべき知識を伝えるために通常型の講義も行いました。でも、対話型講義に慣れてくると、通常型の講義をしていても、部分的に対話型にして学生たちの意見を少し聞いてみたくなるのです。その方が、学生たちも生き生きとした関心を持ち、通常型の講義自体も円滑に進むような気がするのです。

また、対話型講義を導入することができるのは、決して大学だけではありません。高校などの先生方からも、導入の意欲を伺っていますし、すでに実践された例も存在します。公民や倫理・道徳といった社会科の科目では、このような講義は特に容易に導入できるでしょうし、非常に効果的だろうと思います。また、塾でも、このような教育をいち早く試みた例もあります。

さらに、小学校でも対話型講義は可能ですし、すでに行われています。実は、私の息子が通っている小学校の学校公開に行ったところ、道徳の時間で、優れた対話型授業が行われていました。〝シンガポールでゴミを捨てると罰金を科されて処罰される〟という話を紹介した後で、「日本でもそのような仕組みを導入する方がいいかどうか」について小学生たちの意見を尋ねていたのです。外国人の目を意識したりして「日本でもそうした方がいい」という意見が初めは多かったのですが、途中から「それは情けない。刑罰によるのではなくて、自分たちで自発的に律するべきだ」という意見も現れて、私は安堵しました。

その先生に伺ってみると、このような教育は以前から行われていたということでした。考えてみると、対話型講義は、決して新奇なものではなく、この小学校の例のように、むしろ自然なものなのかもしれません。ところが、日本では中高等教育で、詰め込み式、○×式の教育が主流になってしまったために、そのような本来の教育が廃れてしまっていたのかもしれません。そこで、サンデル教授の対話術にならって対話型講義を初等教育から、中高等教育、そして大学教育へと一貫して行うようになれば、多くの学生たちが自らの頭で考え、学ぶことができるようになるでしょう。これこそが、本来の教育改革となり、対話型講義の広がりは、大きな教育改革の流れを引き起こしていくと思うのです。

社会改革・政治改革への公民教育

さらに言えば、実は、対話型講義は、単に学校の中だけで意味があるものではありません。サンデル教授が言われているように、この教育方法は、市民たちの公民教育にも多大な効果を発揮します。東大の特別講義に集まった多くの人びとを考えてみればわかるでしょう。哲学的な深い思考ができる市民が増えて初めて、優れた民主政が実現するのです。

私も、大学の講義だけではなく、一般の市民の方々を対象にした対話型講義も行っています。たとえば、日中領土問題、司法・検察や、無縁社会・孤族、そしてウィキリークスなどのIT社会の問題などの時事的問題についても、対話型で正義の観点から議論することによって、通常のメディアの見方を超えた深い議論が生まれてくるような気がします。

また、現在では科学技術の研究やその成果を社会の人々に伝えたり、その内容について議論することも重要になっています。このような科学技術や学問に関する対話においても、対話術が重要な役割を果たしうるでしょう。たとえば、専門家と市民との間を媒介して対話を可能にするような人のことを（科学技術及びその政策の論評者やジャーナリスト、さらには博物館解説者などまで含めて）「科学技術コミュニケーター」と言うことがありますが、対話型講義はティーチング・フェローの経験などを通じて、そのようなコミュニケーターを養成することにも寄与すると思うのです。

このような対話の促進者は自然科学の領域だけではなく、人文社会科学の領域でも重要ですから、そのような役割を果たす人を「(学術的) 対話フェロー」とか「(学術的) 対話ファシリテーター (促進者)」とか呼んだらどうでしょうか。そして将来は、各大学で教養課程を中心に、対話型講義を開設することが望ましいと思います。そして各大学ないし拠点大学には、いわば公共的な「(学術的) 対話センター」のようなものを設けて、全学的・全国的に対話型教育を促進するとともに、このような市民的な対話をも促進するようにしたらどうでしょうか。

このようにすれば、対話型講義は、大学改革をはじめとする教育改革から始まって、社会改革や政治改革につながる可能性を持つと思うのです。

実は、サンデル教授の言われる「対話型講義による哲学的議論は民主政治の進展につながる」という発想は、日本の公共哲学の近代の出発点である横井小楠の発想を想起させます。儒者だった彼は、儒教の伝統のなかで「学校」における対等な討論 (「講学」) の伝統があるので、それを活性化させて、討論による新しい政治を作ろうと考えました。幕末の時代に、アメリカの共和政治などの西洋の議会政治を知って、彼は、日本にも議会制度を導入してそのような新しい公共的政治 (「公共之政」) を作ることを考えたのです。それは、私の考えでは、近代日本における共和主義的ないし公共主義的な政治の出発点に当たります。

今、私たちの前には、このサンデル教授の大旋風によって、かつて横井小楠が構想したような新しい公共的な政治を活性化する可能性が開けているのではないでしょうか。

5 対話型講義の美徳――その実践に関心を持つ人々へ

対話型講義の性質、アート、そして教育改革や社会・政治改革の可能性について述べてきました。サンデル教授の講義に誘《いざな》われて、対話型講義に関わる人々が多くなることを私は願っています。

もちろん、新しい試みには幾つか乗り越えなければならない壁があります。教師にとっては日本で対話型講義を実践するのは、それほど簡単ではないかもしれません。学生たちがあまり発言せずに講義が沈滞してしまうことも考えられます。このようなリスクを考えると、いきなり実践するのは躊躇《ためら》うかもしれません。

そこで、サンデル教授が本書で明かされた方法や、私が説明した様々なアート、そして「日本の白熱教室」における多様な手法を参考にしていただきたいと思います。また最初から講義をすべて対話型でしなくてもよいと思います。最初は部分的に対話型を試みて、軌道に乗りそうだったら、徐々に対話の割合を大きくしていくのもいいでしょう。このようにして、勇気を持って、対話型講義を開始してほしいと思うのです。

対話型講義の奥には、学生たちに内在する潜在的可能性への信頼と、それを育み引き出そうとする教育的な愛があります。学生を信じ愛せない教師は、頭ごなしに怒ったり、一方的に教え込むことしかできないのです。この信と愛こそ、優れた対話的教師の美徳です。

また、学生さんたちにも、ぜひ積極的に対話型講義に参加してほしいと思います。これによって、自らの頭で思考し発言するという学問の基本を学ぶことができます。これまで受験勉強などで「勉強は嫌なもの」というイメージを持っている人も、このような講義を経験すると、学問にはそれを学ぶ喜びがあることがわかるでしょう。このような生き生きした知的興奮こそ、学問の原点なのです。そして、このような講義で思考と発言ができるようになれば、それは社会に出てからも仕事の上で非常に役立つはずです。

そもそも、今の日本では、大学や高校などで対話型講義を受講できるということは、稀なことであり、そのような機会に恵まれたら積極的に受講し、発言してほしいと思います。サンデル教授の講義法は、インタビューで言われているように（二九一三〇ページ）、もともとはオックスブリッジの伝統的な少人数教育を大人数向きに発展させたものです。このような教育を受けられるのは、いわば特権とすら言えるかもしれません。つまり、そのような講義に参加できることは、実は大きな幸いであり、チャンスなのです。大人数の前で発言すると、間違って恥をかくことが恐ろしいと思うかもしれません。でも、それを乗り越えて、ぜひ自ら考え、発言してみてください。そのために必要なのは、小さな勇気だけなのです。

そして、「白熱教室」をご覧になったりサンデル教授の著作を読まれたりして、対話型講義に関心を持たれた市民の方々も、ぜひ機会を見つけて対話型講義ないし様々な対話の場に参加してみてください。対話型講義は大学までの学生だけではなく、社会人の方々にも有益だと思います。ビジネスなどの仕事や公共的な市民活動でも、深く思考し、「対話」によって発言し、人々の多くの知恵（衆知）を集めることが求められるからです。

もちろん、対話型講義に参加することは、仕事や社会生活・公共的生活に有意義であると同時に、それによって、哲学そのものの原点に自ら触れることができるでしょう。それは、人生を善く生きるために、そして公共的な世界を、より善いものへと変えていくために、重要な意義を持つはずです。

対話型講義を通じて、哲学の息吹にふれること、学問の息吹にふれることは、多くの人たちに開かれています。そのために必要なのは、小さな勇気です。勇気、そして信頼と愛は対話型講義における美徳であり、これらの美徳を発揮することによって、智恵への扉が開かれます。哲学《フィロソフィー》とは、智恵を愛し求めることであり、対話型講義は智恵への掛け橋なのです。智恵もまた美徳であり、勇気の美徳を発揮することによって智恵という美徳へと至ることができるのです。

本来の哲学、そして学問とは、万人のものです。万人が智恵を求めるという意味では、何らかの意味で万人が哲学者に他ならないからです。そして、このような哲学の営み、愛智の営みは、日々の生活に、人生に、そして世界に存在しています。サンデル教授の対話術は、このような愛智の営みを万人に開放するものであり、私のささやかなこの文章がそのために寄与することを願っています。

（1）講義「正義（Justice）」は、公共放送。WGBHボストンが放映して、ハーバード大学と協力して作った、以下のサイトでも見ることができる。http://www.justiceharvard.org/(Harvard University's Justice with Michael Sandel)

（2）プラトン『ソクラテスの弁明・クリトン』久保勉訳、岩波文庫、一九六四年。

（3）「NHK DVD ハーバード白熱教室 DVD－BOX」NHKエンタープライズ発行、ユニバーサルミュージック販売、二〇一〇年。
（4）プラトン『パイドン――魂の不死について』岩田靖夫訳、岩波文庫、一九九八年
（5）http://sandel.masaya-kobayashi.net（小林正弥研究室「ハーバード白熱教室JUSTICE」特設サイト）
（6）以下のハーバード大学の教育システムについては、小林亮介「ハーバード大学で学ぶということ」（一橋大学　大学戦略推進経費プロジェクト『講義＝演習連結型授業の創出、実践、普及――単位実質化の試み――』報告書、一橋大学、二〇〇九年度、附属資料二、一四―三五ページ）。特に二二―二三ページより。なお、この筆者の小林亮介氏は、私が二〇一〇年末にハーバード大学を訪れた際に、サンデル教授の講義「正義」を受講していて、教授に質問に来たので知りあった。二〇〇九年秋に学部生として入学した唯一の日本人であり、二〇一〇年度の講義「正義」を受講している唯一の日本人学生でもあって、本書のインタビューの下訳の一部をお願いした。これを機に、『SAPIO（サピオ）』（二〇一一年三月三〇日号、小学館、八〇―八一ページ）に講義「正義」に関するインタビューが掲載され、本文でも参照した。
（7）Michael Sandel, *Justice: A Reader*, Oxford University Press, 2007.
（8）小林亮介、前掲論稿、一七ページ。
（9）公立はこだて未来大学の講義「現代の科学」（『SAPIO（サピオ）』二〇一〇年一二月一五日号、小学館、五四―五五ページ）。

付論　近現代的正義論から古典的正義論へ――新しい正義論への道

小林正弥

サンデル教授の講義「正義」は、現代において影響力を持つ功利主義、リバタリアニズムから始まり、リベラリズム（カント、ロールズ）の思想を経て、最終的にはアリストテレスの古典的な目的論にまで遡っていきます。正義論としてみると、近代的・現代的正義論から始まって、もともとの古典的正義論に戻る構造と言えるでしょう。

第二部では、サンデル教授の講義について、プラトンのソクラテス的「対話篇」との共通性、またサンデル教授が用いる様々なアートについて説明してきましたが、その中で政治哲学の用語を用いた箇所がありますので、教授の著作や講義に接していない人にはわかりにくいだろうと思います。そこで、付論として、ごく簡単に、教授の講義で取り上げられた各哲学的立場の要点について説明し、サンデル教授自身の思想についても若干ふれておきます。サンデル教授の政治哲学の全体像についてより詳しく知りたい方は、拙著『サンデルの政治哲学――〈正義〉とは何か』（平凡社新書、二〇一〇年）をご参照いただければ幸いです。

功利主義とリバタリアニズム

サンデル教授の授業は、功利主義から始まります。功利主義は、ジェレミー・ベンサム以来、英米哲学の中心をなしてきた哲学的立場です。ベンサムが「最大多数の最大幸福」と言ったように、功利主義とは、一言でいえば、社会における一人ひとりの喜び（快楽）から苦しみ（苦痛）を引き、それを合計することによって、その総和を最大にする行為や政策を望ましいとする考え方と言えます。

有名になった路面電車の質問に功利主義の立場から答えるとすれば、「五人の命を助けるために一人の命を犠牲にすることが許されるかどうかは、一人の命を犠牲にしても差し引きで四人の命を助ける方が、全体としての幸福の量を最大にすることができるから、それが肯定される」ということになります。

この功利主義の考え方は、経済的な発想が優位となっている今日の状況にも大きな影響を与えています。理論的にも、今日の主流派経済学における「効用関数」という言葉からも明らかなように、功利主義における効用の考え方はミクロ経済学の基礎をなしています。この意味では、功利主義は、政治哲学とは言っても、経済的な政治哲学とも言えるでしょう。近代以来、世界中で経済的な発想が強まっていることに対応して、功利主義は政治哲学上でも優越的な思想となっています。

今日の世界で同じく影響力のある思想として、リバタリアニズムがあげられます。リバタリアニズムはバラバラに存在している個々人の自由や権利を極めて重視する考え方であるために「自由至上主義」などと訳されることが多いのですが、私は「自由原理主義」と訳しています。

「自由」や「権利」を重視する点で、リバタリアニズムは、ロールズらのリベラリズムの思想と共通性があるのですが、リバタリアニズムの擁護する「自由」の中には企業などの市場における「経済的自由」、また「権利」の中には強い「(私的）所有権」の概念が含まれています。ですから、これは政策的な観点から見れば、「市場原理主義」と言うことができるほど市場経済を重視する思想です。

リバタリアニズムは、具体的な政策においては、市場経済の効率化を図るための民営化・規制緩和、福祉の縮小による「小さな政府」を主張するネオ・リベラリズムの主張と共通点が多い思想です。一九八〇年代のイギリスのサッチャー政権とアメリカのレーガン政権以来、世界を席巻した思想であり、日本では一九八〇年代の中曽根政権下の国鉄・電電公社の民営化、そして最近では小泉政権下の郵政民営化といった形で具体的な政策として現れました。金融危機以降、特にリバタリアニズムの思想の問題点が明確になったと言えるでしょう。

リーマン・ショックに端を発した世界金融危機前の世界では、経済的な発想が支配的であり、サンデル教授の問いかけに関心を持たない人が多かったかもしれません。しかし、世界経済が深刻なダメージを受けたことによって、これまでの発想に不安を感じて、新しい思想や考え方を模索する必要があることを感じている人が増えてきたのではないでしょうか。サンデル教授の講義では、初めに功利主義やリバタリアニズムのような経済的発想の強い思想が扱われて、その問題点が議論の進展とともに明らかになっていきます。これも、多くの人々にとって「白熱教室」に関心を持つきっかけになったのではないでしょうか。従来の経済学的な考え方に代わるべき思想はないのか。このような観点から、経済だけではなく政治そのものの思想も提示する政治哲学ないし公共哲学に注目が集まっているのだと思います。

サンデル教授には、こうした今日的な状況に深く関連する様々な思想を哲学的な論点を通じて教室の中で学生たちに考えさせるという意図もあるのでしょう。教室の中で、現実の政治に関わるような重要な対話や議論が哲学的に行われることも、サンデル教授の対話型講義の素晴らしい点です。

カントの道徳理論

功利主義、リバタリアニズムの次にサンデル教授が取り上げるのが、リベラリズム、具体的にはカントとロールズです。リベラリズムの中にリバタリアニズムを入れて論じることもありますが、ここではロールズ的リベラリズム、言い換えれば平等主義的リベラリズムで、福祉を擁護するリベラリズムを説明します。ロールズの議論には途中から変化が生じましたが、彼の代表作『正義論』（一九七一年）のリベラリズムは哲学的にはカントの系譜の理論と理解されています。

カントは理性・自律・自由などを体系的に説明し近代哲学を定式化した哲学者です。その思想は広範かつ難解ですが、サンデル教授は講義では道徳に関するカントの実践哲学に的を絞ってわかりやすく説明しています。カントの哲学を考えるうえでは、実はその認識論も非常に重要なのですが、あえてそこは大胆に省いて、学生たちの理解が容易になるようにしているのです。

カントは、人間を手段として扱う功利主義に反対し、人間の行動を道徳的に価値のあるものとするのは「帰結」ではなく「動機」であり、道徳法則の義務のためになされる行為こそが道徳的に正しいとします。

講義において、サンデル教授はまずカントの道徳理論の普遍主義を説明します。カントによれば、人間が自律的に法則を与える実践的な理性は一つであり、それは生い立ちや特定の価値観などに左右されない普遍的な理性であるから、道徳法則は一つであるとします。それでは、カントのいう道徳法則とはどのようなものなのでしょうか。それが、無条件的・絶対的に「～せよ」と命じる「定言命法」です。定言命法とは、他の動機を伴わずに、それ自体が絶対的に適用される実践的法則です。いかなる状況であっても義務として遂行しなければならないと考えるので、「義務論」と呼びます。

そして、「定言命法」には、「普遍的法則の定式」や「目的としての人間性の定式」などがあります。「普遍的法則の定式」とは、まさに道徳法則がすべての人にあてはまる普遍主義的なものであるということを表しています。「目的としての人間性の定式」とは、人間の尊厳の尊重を要請し、今日言うところの「権利」を基礎づけるものです。これらの定式は、普遍的な権利という考え方を基礎づけるもので、今日のリベラリズムの思想的源流となっており、次のロールズの思想へもつながっていきます。

ロールズの正義論

ロールズの正義論は、今日のリベラリズム、そして政治哲学の出発点とも言えるものです。サンデル教授を一躍有名にしたのもロールズに対する批判であり、講義の名称「正義（Justice）」も、ロールズの正義論を意識していると思われます。

ロールズらのリベラリズムは、人間個々人の自由な選択を尊重することを重視し、そのような「権利」を中心に「正義」を考えます。そこで、カントの義務論と合わせて、このような考え方を「義務・権利論」と呼ぶことができるでしょう。

ロールズは「無知のベール」という、自分たちの具体的な状況を一切知らない状況を仮定し、その「原初状態」において人々が合意できる正義の原理を考えました。サンデル教授は、ロールズの「無知のベール」の下における抽象的・形式的な自己は「負荷なき自己」であると批判し、コミュニティなどの具体的な文脈や状況の中にある「負荷ありし自己（負荷のある自己）」という自己観の必要性を主張しました。講義ではあまり述べられていませんが、一般的には、サンデル教授の考え方の中では、ロールズに対するこの批判が最もよく知られています。

ロールズの正義論の核心は「分配の正義」の問題です。では、「無知のベール」のもとで人々が合意する原理とはどのようなものなのでしょうか。ロールズによれば、次のようになります。

第一原理：各人は、基本的自由に対する平等の原理を持つべきである。その基本的自由は、他の人々の同様の自由と両立する限りにおいて、最大限広範囲にわたる自由でなければならない（平等な基本的自由の原理）。

第二原理：社会的・経済的不平等は、次の二条件を満たすものでなければならない。

（一）それらの不平等が最も不遇な立場にある人の期待便益を最大化すること（格差原理）。

（二）公正な機会の均等という条件のもとで、すべての人に開かれている職務や地位に付随するものでしかないこと（公正な機会均等原理）。

ロールズは、徹底した社会主義のように所得の完全な平等を主張するわけではありません。ある仕事に適した人にインセンティブを与えることは必要であるが、不平等は最も不遇な人の便益のためとなるように一定程度に抑制されなくてはならないとします。これは、社会主義や社会民主主義の弱いアメリカにおいては、福祉政策や福祉国家を正当化する議論につながります。

ロールズは、道徳的観点からみて、分配は恣意的な要素に基づくべきではないとしています。そして、封建的な貴族社会、リバタリアニズム的な自由市場経済システム、公正な機会均等に基づいた能力主義システムを順に検討していきますが、それぞれが道徳的な恣意性を持っているという点で、正義に適っていないとします。

まず、封建的貴族社会は身分社会ですから第一原理に反しています。

リバタリアニズム的自由市場経済システムは第一原理には適っており、機会に関しても形式的には平等ですが、スタートラインの相違という恣意的な要素があるために第二原理の（二）、すなわち公正な機会均等原理に反しています。

これに対して、能力主義は平等な教育の機会を与えるという点で公正な機会均等原理には適っています。しかし、ここにも道徳的な恣意性が存在しています。スタートラインが同じでも自然の分配である能力や才能によって富の分配が決定されるからです。そこで、その問題を超えるために、第二原理の（一）、すなわち格差原理に適うような平等主義的なシステムが望ましいということになります。

ロールズは、分配における正義とは、道徳的適価、つまり道徳的なふさわしさや美徳とは関係なく、正当な期待に対する資格の問題であるとします。私たちは自分の才能を用いて便益を得る資格を持っていますが、才能を持っているということは自分の功績ではないし、それに基づいて得た所得は、その才能をたまたま評価する社会に住んでいるからであり、道徳的には恣意的であるとします。だから、便益を得る資格と道徳的ふさわしさには関係がないと言います。したがって、「正義の原理によって恵まれない人々のために課税することは、道徳的にふさわしいと自分が考えている所得を奪う行為である」と抗議することはできないとします。

ロールズは、格差原理によって貧富の差を縮小するという点で福祉政策を擁護します。サンデル教授も、ロールズの主張する福祉政策の実施そのものには反対しません。しかし、サンデル教授は、ロールズの分配における正義の考え方が道徳的なふさわしさや美徳との関係を無視している点について批判的な立場をとります。これがサンデル教授のロールズ批判の重要点のひとつです。

アリストテレスの目的論的正義

一年の講義の終盤で、サンデル教授はロールズの思想の難点を克服するために、アリストテレスに遡って古典的な目的論的な考え方を説明します。「最大多数の最大幸福」という功利主義も個々人の快楽の総和を最大化するという目的に即して考えられているので「目的論的」と言われますが、アリストテレスの目的論はそれとは異なります。アリストテレスにおいては、個々人の快楽が目的と考えるのではなく、社会的実践や自然全体に目的があると考えるのです。アリストテレスは、正義とは人々に値するものを与えることであり、美徳を持つ個人と適切な社会的役割との間で、適切な適合関係を見出すことであるとします。

もっとも、サンデル教授は、アリストテレスのように自然全体の目的を正面から論じるのではなく、人間の実践や社会的制度についての目的を考えて、そこから正義を論じる可能性を提起します。自然全体についての目的を考えると何らかの意味で形而上学的にならざるを得ませんが、人間の実践や社会的制度ならば必ずしも形而上学的にはならずに具体的にそれらの目的について論じることができるからです。

サンデル教授はこのような新しい論法を示すことによって、目的論的論法を現代に甦らせています。これは、ロールズとは異なり、美徳や道徳的なふさわしさといった観点から正義を考える可能性を提起しているので、新しい正義論の試みとも言えるものです。

善ありし正義

サンデル教授は、大部分の講義の中で積極的に自分自身の思想を述べることはほとんどありません。しかし、一年間のコースの最後では、自らの立場を明確にして議論を進めます。その理由についてサンデル教授はインタビューの中でに次のように言っています。

「究極的には、私が考えていることを少なくとも広範な哲学的な用語で言うことなしに道徳哲学や政治哲学を一貫して教えることができるとは、まったく思っていないからです」(四五ページ)

講義の目的は、自分の思想を伝えることではなく、政治哲学という学問を通して学生たちが自らの思考を発展させることにあるが、最終的には自分の思想信条を明らかにしなければこの学問を誠実に教えたことにはならないということです。これは、サンデル教授の教育に対する最大限の誠実さが現れている発言だと私は思います。

サンデル教授の思想は一般的には「コミュニタリアニズム」と言われています。これは、「①道徳性《モラリティ》・精神性《スピリチュアリティ》、②共通性・共同性」を重視する思想です。サンデル教授は、①の要素をしばしば「善」という概念で示し、「美徳」を重視します。②の要素を示すために、しばしばこの思想では「コミュニティ」が重視されるのです。この双方の要素を合わせると「共通善」という観念が現れることになり、コミュニタリアニズムは共通善を政治の目的として重視します。

サンデル教授の政治哲学の核心は、正義と善の関係です。リバタリアニズムを含めてリベラリズムの思想は、今日では個々人の「善の生き方」に関する考え方は多様で、それについて合意することはできないから、その多様な考え方とは独立したものとして正義（事実上、権利とほとんど同義）を考えます。これに対し、善を考えずに正義を考えることはできないというのが、サンデル教授の立場です。リベラリズムがいわば「善なき正義」を主張しているのに対し、サンデル教授は「善ありし正義（善なる正義）」を主張していると言えるでしょう。

サンデル教授は、このような観点から、「自己は様々なコミュニティや文脈における考え方に影響され、それによって形成されてきている」と考え、それを「負荷ありし自己（負荷のある自己）」と呼びます。このようにコミュニティにおける「善き生」に関する考え方の影響を重視するので、コミュニティの重要性が浮上するのです。

ただ、サンデル教授は、コミュニティの多数派が考えることを単純に「正義」とみなしているのではありません。最後の講義で、サンデル教授は、正義と善の関係についての二つの考え方を提示します。

第一は、正義を考えるために「ある時代のあるコミュニティの価値観や共通認識に頼り、外部の基準に依拠しない」という相対主義的な方法です。これは、正義を慣習の産物にしてしまうものであり――たとえば人種差別的な価値観を批判することができなくなるなど――サンデル教授は明確に反対し、〝自分はこの意味でのコミュニタリアンではない〟と明言しています。

第二の考え方は、「正義の原理を正当化するために特定の時代の特定の場所に広がっている価値観に頼るのではなく、正義や権利の道徳的価値や、目的に内在する善から考える」という非相対主義的な方法です。これは、権利の正当性は――特定の時代・場所のコミュニティの価値観に束縛されずに――「それが人々の善を促進する重要なものかどうか」を正面から議論することによって決まるという考えで、サンデル教授はこの立場を支持しています。当然、この考えからは、正義について議論するためには、善や目的について論じることが不可避となります。

では、今日多様な価値観がある中で、私たちは善についてどのように論じることができるのでしょうか。

この問いに対してサンデル教授は、ただ一つの原理をはじめから独断的に決めることは唯一の方法でも最善の方法でもないとして、個々の事例の判断とその判断の根拠となる一般的な原理との間を往復する方法を示します。わかりやすく言えば、特定のコミュニティの多数派の考え方を超えて、このような対話によって善を探求し、その善との関係において正義を探求するということになるでしょう。サンデル教授は原理と事例とを往復する方法を「弁証法的」と呼ぶのですが、このような対話的・弁証法的論法は、実はサンデル教授の講義法そのものでもあります。この方法によって正義を探求していくことこそが、これからの政治哲学が目指すべき道だとサンデル教授は考えているのでしょう。

実は、サンデル教授が主張するこの「善ありし正義」は、東アジアにおける儒教的な「義」の観念と似ているところもあります。儒教では、仁・義・礼・智・信というように、徳の一つとして「義＝正義」を考えていたからです。紀元前の諸子百家の時代、法治主義を主張する法家に対して、儒教は徳治主義による倫理的政治を主張しました。

リベラリズムでは「正義」を「権利」とほぼ同一視するために司法判断を重視します。そこでは、「正義」はいわば「司法的正義」であり、「法における正しさ」、すなわち「法義」のような意味を持っています。それに対して、サンデル教授の言う「善ありし正義」は必ずしも司法的正義を意味するものではなく、「法義」を超えた「正義」というべきものです。この点からも、儒教的観念とサンデル教授の思想の似たところがうかがえると思います。インタビューでも少しふれていますが（一〇三―一〇四ページ）、コミュニティや善・美徳の重視や、このような正義観の点で東洋思想とも呼応するところがあるので、サンデル教授の思想に多くの日本人が共鳴するのかもしれません。

サンデル教授は、一回の対話的講義のなかでしばしば、以上に略述した「①功利主義、②リバタリアニズムやリベラリズム、③コミュニタリアニズム」に対応させて、正義に関する三つの考え方（私の表現では、福利型正義論、自由型正義論、美徳型正義論）を整理して、これらの観点から、具体的な事例についての議論を促します。この妙については、『ハーバード白熱教室講義録＋東大特別講義（上・下）』やDVDブック『日本で「正義」の話をしよう』（ともに早川書房、二〇一〇年）などを直接御ご頂ければ幸いです。

あとがき

対話やその哲学について私が関心を持ったのは学生時代に遡り、大学で「サロン〇（85などの年数が入る）」という名称の読書会・談話会を結成して運営していた時だった。ただ、サンデル教授が対話型講義に力を入れておられるのを知ったのは、二〇〇八年にハーバード大学を訪れて「正義」の放映を聞いた時のことで、比較的最近である。だから、対話的哲学への関心と教授の政治哲学への共感が結合してこのような書物に繋がったのは、私にとっても予期しない展開であった。

サンデル教授の対話型講義に対する関心が非常に高まってからも、私は教授の政治哲学そのものについて紹介したいと考え、二〇一〇年夏頃に拙著『サンデルの政治哲学』のもととなる連続講義を行った。そして、同時に、多くの人々からの質問などにも答えるために、政治哲学の深い内容について教授に学問的なインタビューを行いたいと考えた。それを教授の八月の来日時に行おうと思ったのだが、教授のスケジュールが余りにも過密で実現できなかった。ほとんど毎日お会いしてはいたのだが、東大特別講義をはじめ、時々刻々の要件に追われていて政治哲学についての学問的話題に立ち入れなかったのである。

そこで、教授と話して、後日にハーバード大学に伺い、インタビューを行うことにした。ちょうどこの前後に、NHKで「白熱教室の衝撃」や「白熱教室JAPAN」を放送するための収録が映像制作会社アズマックスのロイド貴子氏、三戸宏之氏らにより千葉大学で行われており、私はサンデル教授の講義法などについて語っていた。こうした中で、私のハーバード大学訪問が「白熱教室」のプロデューサーであるＮＨＫエンタープライズの寺園慎一氏の耳に入り、〝その際に同時にサンデル教授の対話型講義についてのインタビューも行って、ＮＨＫが既に行ったインタビューと合わせて一冊にまとめる〟という提案を頂いたのである。これらの方々のアイデアと好意なくして本書は決して生まれなかったであろう。

対話型講義については私も実践して大いに関心を持っていたので、寺園氏の提案を実行することにして、ＮＨＫ出版の伊藤周一朗氏が私のハーバード大学訪問に同行され、一回目のインタビューには同席された。この時のインタビューは、サンデル教授の対話術を中心にしており、本書第一部の中核をなしている。また、「正義」の講義の際にサンダース・シアターで出会ったハーバード大学生の小林亮介氏からは情報提供やインタビューの一部の下訳をしてもらった。寺園氏、また東京でのインタビューを担当された飯塚純子氏をはじめとする「白熱教室」シリーズの関係者の方々、インタビューの質問項目や第二部の構成の相談も含めて本書の編集を担当された伊藤氏、そして小林亮介氏には、改めて心からの感謝の意を表したい。

また、本書の企画と並行するかたちで、対話型講義に関心を持たれた小学館『ＳＡＰＩＯ』誌編集部、朝日新聞出版『大学ランキング』編集部、朝日新聞社社会グループ教育チームなどのメディア関係者からも様々なインタビューを受けたが、私自身も、それらの質問や会話に触発されて改めて自覚したり思いついたことも決して少なくはない。そのようなアイデアや着想も本書には生かされているので、これらの方々の持たれた誠実な関心にも深く感謝したい。

そしてもちろん、本書が実現したのは、マイケル・サンデル教授その人が超多忙な中で時間を割いてインタビューに応じて下さったからである。インタビューの翻訳（監訳）も含め本書の編集については私に一任して下さったので、その責任は私にあるが、本書に価値があるとすればそれは何よりもサンデル教授の講義の創意によるものであることは言う迄もない。本書が対話型講義の普及と発展に寄与し、それを願っておられるサンデル教授の期待と信頼に応えるものであることを祈る次第である。

二〇一一年三月

小林正弥

マイケル・サンデル　Michael J. Sandel
1953年生まれ。ハーバード大学教授。ブランダイス大学を卒業後、オックスフォード大学大学院にて博士号取得。コミュニタリアニズム（共同体主義）の代表的論者。主著『リベラリズムと正義の限界』『民主政の不満』など。およそ1000人の学生が受講している人気講義「正義（Justice）」はハーバード大学史上初めて一般にも公開され、日本では「ハーバード白熱教室」（NHK教育テレビ）と題して放送され、大きな反響を呼ぶ。また同講義をもとにした『これからの「正義」の話をしよう』も大ベストセラーとなった。

小林正弥　こばやし・まさや
1963年生まれ。千葉大学法経学部教授。東京大学法学部卒業。専門は、政治哲学・公共哲学・比較哲学。マイケル・サンデル教授との交流は長く、「ハーバード白熱教室」では監訳・解説、またサンデル教授の著作『民主政の不満』でも監訳を務める。主著『非戦の哲学』『戦争批判の公共哲学』『友愛革命は可能か』『サンデルの政治哲学』他多数。

サンデル教授の対話術

2011（平成23）年3月30日　第1刷発行

著　者　マイケル・サンデル　小林正弥

発行者　遠藤絢一

発行所　NHK出版
〒150‐8081　東京都渋谷区宇田川町41‐1
電話（03）3780‐3318（編集）
（0570）000‐321（販売）
http://www.nhk-book.co.jp（ホームページ）
http://www.nhk-book-k.jp（携帯電話サイト）
振替00110-1-49701

印　刷　三秀舎＋大熊整美堂

製　本　藤田製本

Printed in Japan
ISBN978-4-14-081467-3 C0010